学校课程深度变革丛书　　杨四耕 主编

武卫清◎主编

全经验课程：

在地文化与
实践演绎

华东师范大学出版社

图书在版编目(CIP)数据

全经验课程：在地文化与实践演绎/武卫清主编.—上海：
华东师范大学出版社,2019
　(学校课程深度变革丛书)
　ISBN 978－7－5675－8957－5

　Ⅰ.①全…　Ⅱ.①武…　Ⅲ.①小学－课程建设－研究
Ⅳ.①G622.3

中国版本图书馆 CIP 数据核字(2019)第 084909 号

学校课程深度变革丛书

全经验课程：在地文化与实践演绎

丛书主编　杨四耕
主　　编　武卫清
策划编辑　刘　佳
项目编辑　林青荻
特约审读　陈成江
责任校对　王婷婷
装帧设计　卢晓红　刘怡霖

出版发行　**华东师范大学出版社**
社　　址　上海市中山北路 3663 号　邮编 200062
网　　址　www.ecnupress.com.cn
电　　话　021－60821666　行政传真 021－62572105
客服电话　021－62865537　门市(邮购)电话 021－62869887
地　　址　上海市中山北路 3663 号华东师范大学校内先锋路口
网　　店　http://hdsdcbs.tmall.com

印　刷　者　上海展强印刷有限公司
开　　本　787×1092　16 开
印　　张　18.25
字　　数　279 千字
版　　次　2019 年 6 月第 1 版
印　　次　2019 年 6 月第 1 次
书　　号　ISBN 978－7－5675－8957－5/G·11940
定　　价　54.00 元

出版人　王　焰

(如发现本版图书有印订质量问题,请寄回本社客服中心调换或电话 021－62865537 联系)

编委会

主　编：武卫清

副主编：龚志萍　刘海平

编　委：孟红艳　童建芬　韩丽莉

　　　　丁艳君　殷莉华　何雅萍

丛书总序

迈向 3.0 的学校课程变革

学校课程变革有三个层次：一是 1.0 层次。这个层次的课程变革，以课程门类的增减为标志，学校会开发一门一门的校本课程，并不断增减，这是"点状"水平的课程变革。二是 2.0 层次。处在这个层次，学校会围绕某一特定的办学特色或项目特色，开发相应的特色课程群。在一定意义上，这个层次的课程变革是围绕办学特色的"线性"课程设计与开发水平。三是 3.0 层次。此层次，学校课程发展呈"巢状"，以多维联动、有逻辑的课程体系为标志，将课程、教学、评价、管理以及师生发展融为一体，这是文化建构与创生层次的课程变革。

当前，碎片化、大杂烩的学校课程变革普遍存在。具体表现如下：

一是不贴地。没有学校课程情境的分析，空降式课程开发，不基于学校实际，没有在地文化意识，不关注孩子们的学习需求，为了课程而课程。

二是无目标。不少学校的改革是为了课程而课程，课程建设不是基于育人目标的实现，脑中没有育人意识，眼中没有育人目标，育人目标与课程目标不能很好地实现对接。

三是无逻辑。没有学校课程的顶层设计或整体规划，学校课程建设只是一门、一门的校本课程的累加，处于"事件"状态，没有形成"整体"气候，没有"体系"意识。没有基于学校的办学理念提出自己的课程理念，办学理念与课程理念一致性比较弱，更别谈基于理念的课程设计、实施与评价的"连结"或"贯通"了。

四是大杂烩。学校虽然开发了很多课程，但对课程没有进行合理的分类，课程之间的关联性与结构性比较弱；杂乱无序的"课程碎片"以及随意拼凑的"课程拼盘"，很难发挥课程的整体育人效果。

五是不活跃。课程实施方式单一，以课堂教学为主渠道，以学科学习为主范域，以知识拓展为主追求，辅之以兴趣小组、社团活动，对户外学习、服务学习、综合学习、动手操作等方式用得很少。

六是无评价。没有课程认证与评估，课程开发随意性比较大；课程设计没有具体评价考虑，课程实施效果没有评价支撑，其结果不得而知。

七是弱管理。基于现实因素，中小学对教学管理是抓得很紧的，但因课程开发对学校来说只不过是"锦上添花"的东西，所以大多数学校的课程管理都比较弱，基本不受重视。从现实情况看，中小学教师普遍没有课程意识、课程开发能力比较弱，更不懂得如何管理课程，课程资源意识也比较淡。

八是低关联。学校课程的各要素之间关联度低，如学校课程建设没有触及课堂教学改革，课程建设与教学有效性的提升没有关系；中小学真正参与课程建设的积极性普遍不高，他们内心觉得"课程开发浪费时间"，"对提高教学质量没有用"，课程开发在很大程度上还只是行政推动或为了所谓的"办学特色"而已。

林林总总，中小学课程改革的细节问题很多，很值得我们关注。教育部《关于全面深化课程改革，落实立德树人根本任务的意见》指出：中小学课程改革从总体上看，整体规划、协同推进不够，与立德树人的要求还存在一定差距。主要表现为：课程目标有机衔接不够，课程教材的系统性、适宜性不强；与课程改革相适应的评价制度不配套，课程资源开发利用不足，支撑保障课程改革的机制不健全等。因此，更深层次地说，迈向3.0的学校课程变革是"立德树人"的深切呼唤。

根据笔者多年的观察与研究，对中小学而言，3.0的学校课程有以下基本特征：一是倾听感，聚焦"原点"，关注学生的学习需求；二是逻辑感，严密的而非大杂烩或拼盘的；三是统整感，更多地以嵌入的方式实施而非简单地做加减法；四是见识感，以丰富学生的学习经历而不以知识拓展或加深为取向；五是质地感，课程建设触及课堂教学变革，教学有效性的提升倚赖课程的丰富与精致。

在迈向3.0的学校课程变革旅途中，中小学可以推进以下六个"关键动作"，扎实、深入推进学校课程变革，形成学校课程变革架构，创生学校文化特色。

第一个关键动作，把儿童放在课程的中央，关注儿童的学习需求与兴奋点。

3.0 课程是以学习为中心的课程。捕捉孩子们的兴奋点,点燃孩子们的学习热情,满足孩子们的学习需求是学校课程变革的首要议题。

学习需求是学习的动力,是影响学习品质的重要因素。在一所学校,从学习需求的主体看,我们应关注这样三类学习需求:一是所有孩子的共同学习需求,二是一部分孩子的团体学习需求,三是一个特定孩子的个别化学习需求。学校如何采取合理的方式,识别、发现、回应、满足、引导学生的学习需求,促进学生发展,是学校课程发展的关键。从学生学习需求的动态发展变化过程去分析、研究学生的学习需求,在学生学习需求的满足与不满足的动态平衡中去研究学校课程架构才有实际意义。在"回归"意义上,学校课程建设把学习需求放在中央,是以学生发展为本的教育理念的具体反映。

学习需求分析是一个系统化的调查研究过程。我们要通过调查全面了解学生的实际情况。调查的对象可以是群体,如一个班级或教师任教的几个班级、一个年段甚至更广;也可以是个体,如某个特别的学生或两个对比的学生。具体调查方法有问卷调查、访谈座谈、测试调查、案例分析、典型跟踪等。不管哪种方法,主要目的是收集相关数据,整理、分析、判断、发现学生现状中存在的问题,并找出问题产生的原因,以便在课程设计中对症下药,确定解决该问题的必要途径。

当然,我们也要注意区分哪些需求是必须满足的,哪些需求不是非满足不可的,哪些需求是需要引导和调整的。杜威说:教育即经验的改造。面对孩子们,我们要思考的是:是不是所有的经验都可以进入课程?怎样的经验具有满足孩子们学习需求的属性呢? 实践证明,经验必须满足以下两个条件才能进入课程:第一,经验必须关注儿童生长,必须把儿童放在课程的中央,真正促进儿童的成长与发展;第二,经验必须具有连续性。经验仅仅新鲜、有趣是不够的,散乱的、割裂的和"离心"的经验,是没有意义的,不能作为课程的有机构成。经过设计的"经验"可以从小到大、从自我生活到公共领域。经过精心"改造"过的经验,可以很好地体现"逻辑结构"与"心理结构"的有机统一。换言之,我们的课程设计应该贴近儿童的学习需求,聚焦孩子们的生长点。

第二个关键动作,建构自己独特的"课程图谱"或"课程坐标"。

丰富的课程比单一的课程更有利于孩子们的人性丰满,这是一个课程常识。如果把课程视为书本,孩子们可能会成为书呆子;如果把课程视为整个世界,孩子们可能会拥有驾驭世界的力量。

课程是一个可延伸的触角。让课程更好地链接生活、链接活动、链接管理以及一切可能的要素，让学校课程纵横交错，能够真正"落地"，这是迈向3.0课程变革的关键手法。

为此，每一所学校都应致力于建构自己独特的"课程图谱"或"课程坐标"。在横向上，将学校课程按照一定的逻辑进行合理的分类；在纵向上，将学校课程按照年级分为不同层级，形成一个适应不同年龄阶段孩子的课程阶梯。具体地说，在横向上，重构学校课程分类，让孩子们分门别类地把握完整的世界之奥秘；在纵向上，强调按先后顺序，由简至繁、从已知到未知、从具体到抽象，保持课程的整体连贯。这样，我们就可以形成天然的、严密的学校课程"肌理"，让课程有逻辑地"落地"，有利于克服课程碎片化、大杂烩问题。

总之，如何按照一定的逻辑，理顺学校课程纵向与横向关系是学校课程变革需要审慎思考的问题。让课程真实地存在于特定学制之中、特定年级之中、特定班级之中，让每一位教师可以看到自己在学校课程图谱中的位置，每一个家长可以更清晰地知道自己的孩子在学校将学习什么，未来将发生什么，学校将把孩子们引向何方……一句话，课程是动态的课程，而不是静止的名称。

第三个关键动作，具身学习成为课程最核心的实践样式。

真正的学习应是具身的。换言之，只有个体亲身的经历和体验才称得上是学习。课程从本质上说是一种经验。说白了，课程就是让孩子们体验各种经历，并由此将知识以及其他的各种可能转化为自身的经验，实现自身的"细微变化"。

3.0的学校课程表现出这样两个特点：一是突出孩子们在课程设计、实施与评价中的主体地位，让他们在课程中释放激情；二是从孩子们的角度出发设计课程，以孩子们喜欢的方式实施、评价以及管理课程。这样，课程不是外在于孩子们的，孩子们本身就是课程的设计者、实施者和评价者。

培根说，知识就是力量。这话只说对了一半，确切地说，具身的知识比离身的知识更有力量，能够勾连起想象力的知识比无想象力的知识更有力量，有繁殖力的知识比无繁殖力的知识更有力量，成体系的知识比碎片化的知识更有力量，被运用的知识比没有得到运用的知识更有力量。课程是有设计、有组织的经验系统。在这里,见识比知识更重要,智识比见识更有价值。

在课程实施过程中,让孩子们采用多样的、活跃的学习方式,如行走学习、指尖学习、群聊学习、圆桌学习、众筹学习、搜索学习、聚焦学习、触点学习……但凡孩子们生活世界里精彩纷呈、活跃异常的做事方式,就是课程实施的可能方式,而不仅仅是所谓的概念化了的"自主、合作、探究"。杜威说:"一切学习来自经验。"实践、沉浸、对话、互动、参与、体验是课程最活跃、最富灵性的身影,也是课程实施的最重要的方法。重视孩子们直接经验的获得,通过一系列的实践活动,扩充和丰富孩子们的经验,是3.0课程的重要表征。

第四个关键动作,课程不再是"孤军作战",关联与整合成为课程实施的常态。

关联与整合是3.0学校课程变革的关键特征之一。关联与整合强调要以各学科的独立性为前提对课程内容进行多维、多向的组织。这就意味着,我们要打破学科的固有界限,找出课程要素之间的内在联系,关注知识的应用而不仅仅是知识形式,强调内容的广度而不仅仅是深度。在整合的基础上,加强各个学科之间、课程内容和个人学习需求之间、课程内容和校外经验之间的广泛联系。

一般地说,课程整合有两种常见方式:一是射线式整合,即以学科知识为圆点,根据知识的内在逻辑联系而进行多维拓展与延伸;二是聚焦式整合,即以特定资源为主题,根据学习者的兴趣或经验,以加强孩子们与社会生活的多学科、多活动的关联与整合。从表现形式来看,既有"学科内统整",又有"学科间统整";既有"跨学科统整",又有"学科与活动统整"以及"校内与校外统整"等。

课程是浓缩的世界图景。3.0的课程是富有统整感的课程,是多维连结与互动的课程。不论是学科课程的特色化拓展,还是主题课程的多学科聚焦,都应尽可能回到完整的世界图景上来,努力将关联性与整合性演绎得淋漓尽致,让孩子们领略世界的完整结构。

第五个关键动作,学校弥漫着浓郁的课程氛围,自觉的课程文化是变革的结晶。

课程保障条件的落实、课程氛围的营造以及学校文化的自觉生成,是3.0课程变革的重要组成部分。中小学如何落实课程保障条件、让学校课程氛围浓郁起来?有两点建议值得一提：

一是主题仪式化。孩子们对于节日的喜爱源自天性，几乎没有孩子不喜欢"过节"。每个学期开始前，学校可以集体策划、共同商讨本学期的主题节日。如学校可以推出热火朝天的"劳动节"，引导着孩子们动手动脑，学会观察，搞小研究，孩子们以"种植"为主题，选择不同的植物作为研究对象；可以设计绚烂多彩的"涂鸦节"，针对不同年级开展不同的涂鸦活动，以生动有趣的形式来展现审美情趣，表达情感，激发孩子们的创意，让他们增进环保意识；可以创造生机盎然的"花卉节"，带着孩子们走进大自然，感受花卉的美丽绚烂，搜索和花相关的各种诗篇、成语、民间故事，增长见识的同时提升审美情趣；可以拥有别开生面的"晒宝节"，孩子们在全家的支持下开始搜索各种宝贝，如独立寻找自己的钢琴考级证书，在家人的帮助下寻找爸爸、妈妈小时候的照片，奶奶钟爱的缝纫机，爷爷的上海牌手表等。当然，我们还可以生成趣味无穷的"游戏节"、传递温情的"爱心节"、开阔眼界的"旅游节"……对于孩子们来说，校园节日是难能可贵的课程。

一句话，学校精心准备、周密策划，充分发挥全体教师的智慧与才干，开发具有时尚、艺术、娱乐等元素的、孩子们喜欢的校园节日，将德育活动通过一个个校园节日展现出来，让丰富多彩的节日活动吸引孩子们，让浓郁的课程文化给孩子们的校园生活留下美好的回忆。

二是空间学习化。迈向3.0的课程善于发现空间的"意义结构"，它常常以活跃的空间文化布局诠释"空间即课程"的深刻内涵。现在，我们有很多学校已经意识到了"空间课程领导力"的价值。诸如以下一些做法都是值得我们赞赏的：1. 办学理念视觉化、具象化，充分展示一所学校的文化气质；2. 办学特色课程化、场馆化，让办学特色成为课程美学；3. 教室空间资源化、宜学化，让每一间教室都释放出生命情愫；4. 图书廊馆特色化、人性化，让沉睡的图书馆得以唤醒；5. 食堂空间温馨化、交往化，让喧闹的餐厅不仅仅可以就餐；6. 楼道空间活泼化、美学化，让孩子们转角遇见另一种美……如何最大限度地让校园空间成为课程的有机组成部分，如何最大限度地让每一个物理空间释放教育能量，如何突破教室和校园围墙限制，让社区、大自然和各种场馆成为课程深度推进的生命空间，是3.0课程的美好期待。

这意味着,我们应当超越对空间的一般认知,重塑空间价值观念,提升空间课程领导力。通过设计、再造、巧用空间的"点、线、面、体",促进学校课程深度变革。我们应从实践美学的视角,重新发现学校空间的课程内涵,清晰定位学校的办学愿景、办学理念、内涵特色和育人目标,把无形的教育理念转变为有形的课程空间,通过深入分析学校的内涵发展、办学特色、课程理念,以及学生的多元学习需求,研究不同课程教学活动对空间的功能诉求,从物理设施、学习资源、技术环境、情感支撑和文化营造等维度上,对空间功能进行整体再构和巧妙运营,将课程理念转变为看得见的空间课程,让空间最大程度地满足不同学生的多元化发展需要。

总之,课程是一种文化范式。推动基于课程向度的仪式创意与空间设计,关注学习方式的多变性和场景性、学习时间的灵活性和可支配性、学习空间的多元性与舒适性、学习资源的丰富性和易得性,让所有的时空都释放出教育价值,让所有的时空都成为课程场景,让孩子们学习作品的形成、展示、发布、分享成为校园里最美丽的景观,让时空展示出生命成长的气息和活性,这是 3.0 课程的美好图景之一。

第六个关键动作,聚焦儿童的成长与发展,让课程表现出鲜明的回归属性。

3.0 课程变革具有鲜明的回归属性:无穷点的多维连结聚焦到人的完整发展与灵性生长,回归到"教育即解放"这一"原点"上。

众所周知,课程与儿童的关系是一个既古老又年轻的话题。说它古老,是因为自从有了学校教育,有关课程与儿童的讨论便应运而生,历史上每一次课程改革都必然伴随着儿童观的思考;说它年轻,是因为随着时代的发展,这个问题会表现出新的形态与新的内涵。可以说,"让课程回归儿童"是 3.0 课程的必然选择。

当前,我们有很多学校在处理课程与儿童的关系问题上显示了高超的艺术与纯熟的智慧:课程目标设计过程凸显内在生长的视角,课程内容设计方面突出课程内容的生命活性,课程结构把握强调纵横交错的系统思维,课程实施探索强调具身学习的人本立场,课程评价与管理彰显儿童的主体地位。

课程即独特的生命体验。一百个孩子,一百个世界。每一个孩子对世界的认识都不一样,课程就是要认可每一个孩子的生命体验,并尊重他们的选择和体验。课程也是可选的发展标志。每一个孩子都有自己的发展高度,每一段路都是一个人生标杆,每一段经历都是一个人生标杆。课程就是要依据孩子的不同实际，开发适合他自己的独特的"生命图景"，让课程真正回归儿童。

说到这里，不由地想起美国课程学者小威廉姆 E·多尔提出的以 Rich（丰富性）、Recursive（回归性）、Relational（关联性）和 Rigorous（严密性）的"4R"课程设计理路，让学校课程变革更符合生命成长的诗性节律。我的推想是，迈向 3.0 的学校课程变革是不是在践行"4R"的课程追求呢？是不是在推进基于文化自觉的课程变革呢？答案是肯定的！

杨四耕

2016 年 11 月 15 日于上海市教育科学研究院

目录

　　一个人要获得知识很容易,获得技能也并不难,难的是关爱的意向和行动的能力。走向素养的并不是知识,而是认知活动,确切地说是认知活动的人,或者说是人的认知活动。如果个体获得的只是关于事物的知识,而非热情,这种学习是无意义的。基于爱与热情唤起明晰而切实的责任与行动的能力,是核心素养培育的关键。正是借此活动过程,儿童激活了身体的能量,并由此而走向生命的自我提升与德性的内在生长。

　　教育是对人性本质的理解。一门优质的课程不仅包含丰富的教学内容和多元的学习方式，更为重要的是在设计的伊始确立精准的目标引领课程的开发。在实施的过程中，以培养一个"完整的人"为最终的归宿，传授知识的同时，更关注学生情感素养的形成和发展，让学习处于一种良性的、可持续发展的状态之中，为学生的终身学习奠定基础。

第3章　经历一百个世界的风景　/ 051

丰富的课程经历，带给孩子多元的生活体验。如果把课程视为世界，我们希望孩子能够经历一百个世界的风景。我们的课程不仅可以阅读，还可以探索和实践，是一门具有综合性的实践体验课程。通过整合活动、环境、教师等资源，合理调配学校、家庭、社会教育等资源，各尽所能、优势互补，使课程链接起孩子的日常生活、学习实践和社会经历，引导学生自我认识、健康生活、自主学习、社会交往、团队合作、社会履职，从而促进孩子的人性丰满。

第4章　在"一即多"的视域中　／077

　　秉承课程价值的原点性，我们以儿童的直接经验、需要和动机、兴趣及心理特征为原点，以走进南翔老街、参观南翔历史文化陈列馆的经历为主，倡导学生主动参与、乐于探究、勤于动手，让学生玩转属于自己的世界。我们力求让学习空间变得更自由，采取寓教于乐的学习方式，让每一个孩子尽显自我本色，让学生在学习中产生心灵的交流、思想的碰撞。

第5章　用"有限"驾驭"无限"　／103

　　学生是课程参与的主体，课程是学生成长的跑道。实践是课程最美的语言。实践主题的提出、围绕主题的扩展研究，有利于学生学会如何在团队的协作下，从头到尾地解决一个问题，在团队中各司其职，忠于职守，互相配合。实践形成知识类学习和实践类学习的融合、静态式学习和活动式学习的兼容。让课程引领学生在"文中学"，在"做中学"，让实践和体验成为一份丰富的课程资源。

第6章　突破封闭的架构　/ 131

　　古往今来,历史车轮滚滚,有些人淹没于时光里,而有些人在岁月长河中激起了耀眼的浪花。伟人之所以伟大,是因为他立志要成为卓越的人。于是,从衣食住行开始,一砖一瓦都带上了个体的鲜明符号,小桥流水间,亭台楼阁处,无不藏匿着主人的小小心思,让世人欣赏,供后人瞻仰。书画水墨透世事,一笔一画都记载着变迁、诉说着故事。游走在园林中,穿梭时空之旅,对话古人、拜访名家,再现那段悠悠时光。

第7章　演绎生命的精彩与博大　/ 149

　　青春与梦想,在校园里绽放;震撼与感动,在人世间传扬。生命使世间有了活力,它在历史的长河中繁衍,绽放绚丽夺目的光彩。小草把绿色献给春天,使它的生命变得精彩;清泉,把甘醇流淌入干渴者的心田,使它的生命变得精彩;红日,把温暖传递到数九隆冬,使它的生命变得精彩。每一座历史建筑都有自己独特的韵味,鹤槎山也不例外。鹤槎山经过历史的洗礼,见证了生命的精彩与博大。

第8章　学习就是与世界打交道　/ 169

文化总与教育相伴而生、相伴而长。在开放宽松的环境下,自主发现南翔古镇文化遗迹中感兴趣的问题或课题,既独立又合作地进行探索和研究活动,在探究活动的过程中获得知识和体验。这个过程是知识、能力、方法、态度和价值观等多方面的融合,既包括发现问题、探究问题、解决问题的能力,又富有批判性思维等"认知性素养",同时还在自我管理、组织能力、人际交往等"非认知性素养"上有所提升。

第9章 这不是一个人的事 / 189

行走也是一种学习。古人有云：读万卷书，行万里路。学习的途径不局限于书本、不拘泥于静态，它可以天地为书卷、以手足代笔砚。到生活中去，到自然中去，到社会中去。生活是最好的书本，是最生动的教材。正如陶行知先生说的那样："处处是创造之地，天天是创造之时，人人是创造之人。"不拘泥于书本作为教材，不将教学限制在35分钟内，不让课堂局限于教室。让学生在行走中学习，在生活中探索，在探索中遇见更美好的自己。

第10章 遇见更具活性的你 / 213

学生是课程学习的主人，在学习过程中全身心地投入，这种学习的具身认知，让学生的生理体验与心理状态之间有着强烈的联系，认知体验激活心理感觉。身体的活动方式和感觉决定了孩子怎样认识和看待世界，学生对世界的认知是被知觉、记忆、推理等塑造出来的，通过经历一次次身体心灵一体的浸润式地参与，会让孩子在知识与技能，过程与方法，情感态度与价值观诸方面收获全方位的成果。

第 11 章　撬动内在生长的支点　/ 237

　　这里,历史悠久;这里,名人辈出。让我们带领孩子们一起去认识拥有美好教育理念,为教育事业做出巨大贡献的教育家。这里有自幼习作,善于与自然为师的国画大师,有"嘉定四先生"之一的檀园主人,有致力于改良国棉的嘉定杰出代表,有巾帼不让须眉的革命先烈。作为南翔人,他们不光为南翔历史添砖加瓦,也为我们留下了宝贵的精神财富。

前　言

让每一个生命温润美好

　　南翔,江南历史文化名镇,有"小小南翔赛苏城"的美誉,2010 年被建设部和国家文物局命名为中国历史文化名镇。古猗园,上海五大古典园林之一,南翔的文化坐标,因"绿竹猗猗"而得名。2013 年,开办第二年的星城小学更名为古猗小学。"千年古镇中,猗猗新竹旁。这里是我们,梦开始的地方。"古猗小学的校歌由此创作而成。

　　厚重的历史,浓郁的文化,为新学校的起步与成长提供了优质的土壤。"绿竹猗猗","猗猗"意蕴"美好",新学校确立了共同的价值追求:和美教育,让每一个生命温润美好。经过充分地调研,学校申报"立足地域文化,开发小学活动型校本课程的实践与研究"之课题,获上海市嘉定区教育局批准立项。从此,全校师生开启了一段美妙的基于在地文化的"全经验课程"之旅。我们的研究初衷为:

　　一是利用丰富的在地文化资源,实现资源的最大效应。闻名遐迩的南翔,人杰地灵,古猗园、老街、檀园等历史遗迹载入史册,李流芳、陆俨少等文人及南翔小笼等地方特产声誉远扬,南翔的"走三桥"等民风民俗广为流传。在创新转型发展的今天,南翔镇着力打造千年历史与现代文明高度融合的新城老镇。这些看得见、摸得着的在地文化教育资源易于学生亲近与接受,利于激发学生实践与探索的强烈愿望,这是学校教育值得利用的鲜活"教科书"。

　　二是借鉴国内外课程开发的经验,形成校本课程特色。提高课程的适应性,满足不同学校和学生的学习需要,是学校课程建设的重要议题。学校如何积极开发适合本校特点的课程,满足学生实际发展需求,提升教师的课程能力,是我们这些年探索的焦点。对于新开办的学校,课程犹如一张白纸,用心描绘将是一幅绚烂的画卷。因而,将在地文化引进学校,并将其课程化,是我们描绘绚烂课程画卷的重要抓手。

三是顺应课程改革的形势，实现教学方式的转型。构建开放型学校课程，一方面可以把社会资源引进学校，丰富学校的课程资源，充实学生的学习内容；另一方面，采取开放式的教学方式，可以打破以学校、课本、课堂为主的传统学习模式，把学生带入教育资源的现场，通过看看、听听、问问、议议、查查等实践体验活动，从而使课堂教学充满新意，让课堂教学生机盎然，提高课堂学习效果。学生走出课堂，可以拓宽视野，加强人际交流，形成社会认同，提升综合素养与能力。这是践行"以学为中心"的开放式、活动式课堂的有效尝试，是提升课堂品质值得探索的路径。

基于上述考量，我们做了以下五个方面的实践研究：

一、挖掘在地资源，架构校本化的课程文化内涵

众所周知：校本课程的开发要基于学生的认知，满足学生的需求，提升学生的素养。有生命力的校本课程，需要赢得本校教师的认可，需要得到学生的喜欢。选择适合的才是最重要的。

1. 问卷调查，了解需求。2014年2月，课题组随机挑选100名一年级学生组织开展问卷调查。课题组根据调查数据进行分析，认为古猗园、南翔小笼是南翔的两大标志性文化，无论是土生土长的南翔孩子，还是随父母来到这里的新南翔人，都有对这两大文化认识和体验的需求。而且，虽然是一年级学生，他们经历了三年的幼儿园学习（宝翔幼儿园校本课程"祥乡"文化，宝翔幼儿园是我校对应的学区内幼儿园），经历了一个学期的小学一年级学习（我校一年级有《初识南翔》的校本课程），对南翔的标志性文化印象比较深刻。从数据不难看出，对于南翔的其他历史古迹等文化，学生知之不多，即使去过古猗园，但对古猗园的历史内涵又知之多少呢？课题组认为：南翔的名胜古迹、名人轶事、地方特色都有入选学习内容的必要。同时，数据充分证实学生对南翔的喜欢和南翔文化的情有独钟，更增添了课题组组织与实施本课题的决心与信心。

2. 调研访谈，形成共识。课题组分不同层面了解教师对本课程开发的想法：一是组织土生土长南翔的8名教师进行访谈，大家一致认为：南翔是一个全国性的文化古镇，目睹了几十年来南翔的发展与变化，切身体会到近年来对古镇文化的传承与保护，

学校教育有必要让新一代的南翔人了解南翔,熟悉南翔,形成文化认同,激发爱乡热情。二是组织对教师中的 8 名新南翔人进行访谈,他们一致认为:学校开发实施在域文化课程,为新南翔人了解第二家乡,更快地融入并适应新的环境创造了条件,我们愿意边学习边实践,在课程开发与实施的过程中提高自己的专业能力,感受南翔文化的魅力。同时,两批访谈的老师都认为:实施活动型课程,把学生带出课堂,在生活中学习、在实践中学习、在交流中学习、在探究问题解决问题中学习,是课堂转型、课堂改革的一个新的尝试。

3. 反复揣摩,确定内容。课题组成员分组进行实地走访,查阅南翔乡志,上网搜索,在全面了解熟悉南翔历史与文化、当下与未来的基础上,研讨课程开发的内容。大家一致认为:作为一名南翔人,对南翔必须有一个比较全面的了解,如:南翔的名胜古迹——古猗园、老街等;历史建筑——古井、桥等;名人志士——李流芳、许苏民等;南翔特产——南翔小笼、肥羊大面、郁金香酒。作为一个南翔人,对南翔的未来必须充满感情,在城市化进程中,在推进北虹桥商务区建设中,南翔的发展与变化日新月异,了解南翔的昨天、今天与未来也是一个重要的内容。

二、建立课程内容体系,形成校本化的课程开发序列

依据"让每一个生命温润美好"的课程理念,围绕"身心至美、乐学善思、人文见长"的培养目标,紧扣在地文化资源内涵,结合学生的认知规律,架构适合五个年级段的课程内容框架:

内容架构	课　程　目　标	课程实施建议
古猗文化	1. 知晓南翔是一个历史文化名镇,其蕴含深厚的文化底蕴,激发学生对家乡的认同感和热爱之情。 2. 重点了解南翔的古镇"十景",点燃学生内心的自豪感,培养学生观察探究、问题解决的能力。 3. 在考察、访问与实践、体验的活动过程中,增强学生团结合作、人际交往的意识,发展学生的学习能力。	1. 建立课程方案,包括目标、内容、实施与评价。 2. 编印校本教材《古猗文化》。 3. 建立拓展课周学习制和探究课学期学习制。 4. 与古猗园、老街建立共建关系,建设"人文南翔"走廊文化墙。

续　表

内容架构	课程目标	课程实施建议
小笼文化	1. 知晓古镇特色——南翔小笼，了解南翔小笼的历史与发展，体会家乡文化遗产的价值，提高传承家乡文化的意识与能力。 2. 了解小笼的制作技艺，尝试学习制作过程，培养学生动手实践、艺术创新的能力。 3. 在考察、访问与实践、体验的活动中，培养合作分享、耐心细致的品质，提高学生的生活情趣。	1. 建立课程方案，包括目标、内容、实施与评价。 2. 编印校本教材《小笼文化》。 3. 与古猗园餐饮公司建立共建关系；校内建设小笼文化专用教室。 4. 在中年级拓展课中进行限定修习；整合于学科课程。
绿竹猗猗	1. 知晓"绿竹猗猗"的来历，了解古猗园竹子与校园内竹子的品种与习性，体会竹子虚怀、刚直、坚韧的高贵品质。 2. 了解竹与人类生活的关系，体会竹子的价值。在探究竹、欣赏竹、创意竹的过程中，培养学生审美情趣，提高动手实践、艺术创新的能力。	1. 建立课程方案，包括目标、内容、实施与评价。 2. 编印校本教材《绿竹猗猗》。 3. 校内种植竹子，建设"竹园春早"文化长廊。 4. 在中年级拓展课中进行限定修习；整合于学科课程。
南翔名人轶事	1. 知晓南翔历史上的名人以及其历史故事，感受家乡人民的智慧与果敢，激发"知我南翔，爱我南翔"的情怀。 2. 以查阅文献、实地走访、参观考察的形式，丰富学习方式，培养学习能力。	1. 建立课程方案，包括目标、内容、实施与评价。 2. 编印校本教材《南翔名人轶事》。 3. 在中年级拓展课中进行限定修习；整合于学科课程。
小美南翔	1. 知晓在创新转型中南翔今天飞速发展的现状，切实感受家乡的宜居宜业，增强学生振兴家乡的信心与决心。 2. 重点了解南翔的城市发展、文化发展、经济发展，在参观考察、实践探访、交流碰撞中培养学习能力，点燃幸福自豪感。	1. 建立课程方案，包括目标、内容、实施与评价。 2. 编印校本教材《小美南翔》。 3. 在高年级拓展课中进行限定修习；整合学科课程。

三、确立课程实施原则，实现校本化的课程推进机制

1. 趣味性。选择学生感兴趣的学习内容，强调学生的亲身经历，强调学生与生活、社会的联系，采取学生喜闻乐见的学习活动，在活动中增长知识，在活动中体会学习与生活的乐趣。

2. 自主性。富兰克林有句话："告诉我，我会忘记；教给我，我可能记住；让我参与，我才能学会。"显而易见，学校创设更多的机会，让学生主动地参与到多样的学习活动中，才能使学生真正获得知识，提高素养。

3. 开放性。立足通过课堂学习与实践活动相结合的形式，打破学生在课堂内接受式的单一学习方式，构建以社会实践探究、拓展活动为主的开放型的学习形式。

4. 多元性。以多种组织形式落实课程的实施，可以是学校组织的基地学习活动，可以是家长带领的参观实践学习，可以是学生自主结对的探访学习，也可以是教师组织的课堂活动。

5. 现实性。结合"十三五"南翔镇"幸福南翔、智慧南翔、人文南翔、创新南翔、品质南翔"的发展目标和嘉定区教育局"文化铸魂、科技提升"的综改核心，学校必须聚焦发展指向，有效贯彻落实，这样的课程更符合社会的发展需求，更符合学生的发展需求。

四、探索课程实施策略，形成校本化的教学转型方式

1. 行走式学习。"行万里路，读万卷书"，即读书多了自然增长知识，行路多了同样增长知识。因为走出校园，学生可以观察、交流、探究很多学校课堂以外的知识，既拓宽视野，又增加体验，还锻炼能力。

2. 指尖式学习。《学习的革命》一书中早就做过预测，认为未来将是"指尖的学习"的时代。当下，借助诸如智能手机、平板电脑等移动设备及其技术而展开的学习活动越发普遍。学生借助智能手机，交流学习过程，分享学习成果，兴趣也因为喜欢的学习工具而不断提高。

3. 实景式学习。即实地、实物、实情的真实情境下的实践学习活动，学生在实景学习中产生兴致、触景生情，不仅能真正感受到学习与生活的紧密联系，也能体会到主动性与探究性的重要。

4. 搜索式学习。当今是信息迅猛发展的时代，网络为我们提供了无限的学习资源。利用搜索学习，查找类似"百度"网页，学会恰当地筛选与利用，可以避免很多类似

千里迢迢借资料、逐字逐句查文献等费时费力的麻烦。

5. 问题式学习。基于问题式的学习，强调将学习置于有意义的问题情境中，通过让学生合作解决真实性问题，来学习隐含于问题背后的科学知识，形成解决问题的技能，并学会自主学习。

6. 项目式学习。我们所谓的项目学习，就是确立一个探究项目，要求学生在一定的时间内，通过实地探访、观察研究、得出结论，旨在把学生融入有意义的任务完成的过程中，让学生积极地学习，自主地进行学习。

7. 群聊式学习。所谓的群聊式，即汇报交流式。可以一改教师讲学生听的传授方式，确实变被动为主动学习。由学生自主组织课堂学习，将观察、探究到的知识，通过课堂内聊天式的汇报形式，与班内同学分享，既梳理了个人学习的经历，也锻炼了表达、组织的能力。

8. 融合式学习。主要是指学科间的知识整合学习，打破以往学科间割裂的壁垒，将在地文化的学习与基础型学科有机整合，融会贯通，学以致用，学得有兴，学得有质。

五、厘清课程实施宗旨，彰显校本化的育人价值本位

1. 课程价值的原点性：依据《关于全面深化课程改革，落实立德树人根本任务的意见》精神，学校课程要为每个充满可能性的儿童提供发展的机会，满足他们不同的成长需求，为他们的持续发展服务。我们依据"让每一个生命温润美好"的课程理念，尊重儿童的天性和立场，让儿童站在课程的中央，在校本课程开发与实施中，以儿童的直接经验、儿童的需要和动机、儿童的兴趣及心理特征为原点，更好地促进学生健全人格的发展。

2. 课程目标的饱满性：在这里看得见"完整的人"。教育的根本任务是"立德树人"，即培养目标指向的是"完整的人"，既有真才实学，又有崇高的个人道德修养、社会担当和家国情怀。课程学习不仅要关注知识与能力、过程与方法，更要强调情感、态度价值观的维度。我们的课程目标更需追求的是注重培养学生终身学习发展、创新性思维、适应时代要求的关键能力。

3. 课程内容的丰富性：让孩子们经历"一百个"世界。毋庸置疑：丰富的课程比单一的课程更有利于孩子的人性丰满。如果把课程视为书本，孩子们可能会成为书呆子；如果把课程视为整个世界，教育可能给孩子俯视世界的力量。让课程更好地链接日常生活、链接各类活动、链接家校之间，让世界充满课程机会和学习机遇。只有给孩子经历"一百个"世界，我们的孩子才能真正成为驾驭未来的主人。

4. 课程主题的聚合性：给孩子一个融合的学习空间。课程整合是培养核心素养的重要途径。因此，我们以在地文化资源为实施重点，将课程学习整合于各学科之中，使教师的教学目标观由知识本位走向能力本位、核心素养，使学生的学习方式由被动接受转变为主动合作探究，将教学空间由学校、课堂拓展到家庭、社区、社会。

5. 课程设计的发散性：让课程成为内在生长的场域。课程是学生成长的跑道，为实现培养"完整人"的培养目标，我们的宗旨是为不同的学生设计不同的轨道。要对接学生核心素养的培育，课程的设计必须具有发散性，即学习内容的发散、学习方式的发散、学习评价的发散，才能真正让核心素养在课程的跑道上落地。

6. 课程内容的生成性：让每一个生命享受智性的快乐。教育家叶澜教授说："课堂应是向未知方向挺进的旅程，随时都有可能发现意外的通道和美丽的图景，而不是一切都必须遵循固定而没有激情的行程。"学生在活动型课程的学习过程中，面对的是大千世界，丰富的教材，多元的学习方式，课程学习内容在教学的过程中自然会"节外生枝"，课堂在特定的动态环境中在师生、生生互动中变得更加丰富有趣。

7. 课程实施的活跃性：让师生在课程的舞台上动起来。实践证明：学校课程实施方式其实是孩子们与世界打交道的方式。活跃学校课程实施，必须让所有学生都动起来，跑起来，聪明才智迸发出来，多问几个为什么，多想几个做什么，多试几个怎么做。扎根过程，让所有的信息流动起来，让所有的渠道畅通起来，让所有的脑细胞活跃起来，学校课程变革图景一定是美妙绝伦的！

8. 课程参与的立体性：让儿童玩转属于自己的世界。自主发展是培养"全面发展的人"的核心之一。学生是课程参与的主体，只有学生主动参与了学习活动，自主发展的素养也就随之落地。我们尝试：丰富课程的内容，活跃课程实施策略，让学习过程变得更互动、更多元，体现出学生主体的参与性、选择性和自主性，让学生在课程的世界里玩出立体感。

9. 学习方式的灵活性：让学习空间变得更自由。学习方式是撬动学习品质的杠杆。众所周知，灵活多样的学习方式，就能激发学生学习的积极性，激活学生的能动性和创造性，促进学生可持续发展。我们倡导：实景式、搜索式、行走式、项目式学习等，将单调的讲授式变得更自主、互动与合作，让学生在交流、欢笑、思考、争辩、创造中享受自由。

10. 课程主体的具身性：经历一次次身心一体的浸润。学生是课程学习的主人，课程是培育学生的发动机。只有学生积极地参与到课程学习的活动中，并全身心投入，通过自主式、合作式、浸润式……的参与方式，一定会让孩子在知识与技能，过程与方法，情感态度与价值观诸方面收获全方位的成果。

11. 课程评价的多元性：让每一个孩子尽显自我本色。课程评价是一种诊断、一种激励、导向，依据课程标准"倡导多元、开放、整体的儿童评价观"的指向，我们逐步探索从单一、封闭，走向开放、多元的评价方式，旨在关注学生的全面发展。评价本身具有教育性，是人与人互动和交流的过程，所以我们尝试着分享式、展示式、众筹式等评价方式，让每一个学生尽享评价的乐趣。

以上是我们围绕课题在"全经验课程"领域内的探索。当然，这也是本书分章的依据和基本的架构。我们选择了11个在地文化主题开展了课程的创意设计，从南翔的历史名胜古猗园、老街、檀园，追随至特色标志性文化小笼、绿竹，探寻至古井、古桥、名人……每个主题分别从文化坐标、学程设计、课程实施、评价管理等四个维度建立一个设计链，链接起我们对学校课程的思考与理解，对在地文化的追寻与变革的情怀。

第1章　这里看得见人

一个人要获得知识很容易，获得技能也并不难，难的是关爱的意向和行动的能力。走向素养的并不是知识，而是认知活动，确切地说是认知活动的人，或者说是人的认知活动。如果个体获得的只是关于事物的知识，而非热情，这种学习是无意义的。基于爱与热情唤起明晰而切实的责任与行动的能力，是核心素养培育的关键。正是借此活动过程，儿童激活了身体的能量，并由此而走向生命的自我提升与德性的内在生长。

⊕ **文化坐标**
　　猗猗古园，曲径通幽

⊕ **学程设计**
　　与古猗园的文化相遇

⊕ **课程实施**
　　直抵心灵深处的学习

⊕ **课程评价**
　　让美好伴随学习全过程

文化坐标 ————————————————————————

猗猗古园，曲径通幽

古猗园，上海五大古典园林之一，国家 AAAA 级旅游景点，位于上海市嘉定区南翔镇，离市中心上海人民广场约 21 公里，园林正门向南朝向沪宜公路，西近南翔老街、云翔寺，北联沪嘉公路，占地面积 130 余亩。古猗园主要由四面环水的两块岛地组成，以五座平桥与两岸连通，以一座曲桥使两岛相接。古猗园是上海最古老的览胜之一，是江南名园之一。古猗园充分体现了汉族古典造园艺术，凝聚了匠师们的心血，是作为代表汉族传统文化、民族特色的永久性珍品。

一、历史与文化

古猗园原名猗园，始建于明代嘉靖年间（1522—1566），是一私家宅院，取《诗·卫风·淇奥》中"绿竹猗猗"为美盛貌，融嵇康《琴赋》"微风余音，靡靡猗猗，余音袅袅"为一炉而得"猗园"之名，由明代嘉定竹刻名家朱三松精心设计，有"十亩之园，五亩之宅"的规模，遍植绿竹，内筑亭、台、楼、阁、榭、立柱、椽子、长廊上无不刻着千姿百态的竹景，生动典雅。后转让给贡生李宜之，后又先后为陆、李两姓所得。

清乾隆十一年（1746）冬，洞庭山人叶锦购得后，大兴土木，修茸装点，于清乾隆十三年（1748）秋竣工，因隔了一个朝代，更名为"古猗园"。乾隆五十三年（1789）由地方人士募捐购置古猗园，作为州城隍庙的灵苑。同治至光绪年间，园内又增建厅、堂、庵院，开设酒楼茶肆，作为祀神集议及游览休闲的场所。

古猗园大门

中华人民共和国成立后，古猗园历经多次改造扩建，2009 年再次进行园区改造和扩建，面积达到 150 余亩。全园按不同景观划分为猗园、花香仙苑、曲溪鹤影、幽篁烟月 4 个景区，各具独到精巧的艺术构思，散发着特有的古朴、素雅、清淡、洗练的气质。园内保存的唐代经幢、宋代普同塔、南厅、微音阁等文物、历史遗迹，弥足珍贵，引人探古问胜。园中缺角亭是抗日战争史的真实记录，因九一八事变，当地爱国人士重修补阙亭，独缺一角，以志国耻的"缺角亭"，象征着我国反帝民族之魂。

二、风格与特色

古猗园，以猗猗绿竹、幽静曲水、典雅的明代建筑、韵味隽永的楹联诗词及优美的花石小路等五大特色闻名于世。

以竹为主是古猗园的传统特色，除种植了大量乔灌木外，也相应增加种竹的面积和品种。除明代建园时就有的方竹、紫竹、佛肚竹外，园内还有小琴丝竹、凤尾竹、黄金间碧玉竹、孝顺竹、哺鸡竹、龟甲竹、罗汉等，运用竹的不同色彩和姿态，创造多种多样的景致。竹与石相结合，形成竹石立体画。丛竹三五成群，配以曲折道路，构成了"竹径通幽"的景观，竹与建筑、小溪相结合，运用各种手法，创造了自然、宁静、幽美的

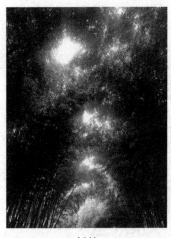

树林

竹林九曲桥

空间，突出了以竹造景，使古猗园的园名与园景相统一。

古猗园的园艺布局，自明代起就以戏鹅池为中心。戏鹅池如一面明镜，映现着不系舟与浮筠阁的清晰倒影，倍添幽情。清代至新中国成立后，此园的历次修复和拓扩均注重挖河理水，使戏鹅池、鸳鸯湖、荷花池、龟山湖等水体相互连通，缓流不断。

古猗园的亭台楼阁，平面形式多种多样，立体造型丰富多变，体现了江南园林建筑精巧、自由、活泼的特点。小瓦覆顶，屋脊镂空，各种斗拱、飞檐翘角、门窗式样、雕刻装饰、油漆粉刷色彩简朴素雅，具有明代园林建筑艺术风格。

古猗园的路面变化多样，与猗园环境自然和谐，富有情趣，增强了视觉的效果，点拨游人行进、徜徉、停留，动静凝聚引人遐想万千。

"白鹤南翔去不归，惟留真迹在名基。可怜后代空王子，不绝薰修享二时"。古猗园中的许多诗词、匾额，令人深省遐想，如："白鹤亭"使人联想到南翔镇的由来；"微音阁"意为发出呐喊微音，体现了抗日战争时期南翔知识分子在黑暗中的斗争精神。

文明悠久传千载，沿革兴衰古猗园。这座集江南苏杭园林特色为一园的明代古园，为上海这颗明珠镶上了绿宝石，发出熠熠光彩。

（撰稿：韩丽莉）

学程设计 ————————————————————————

与古猗园的文化相遇

　　围绕古猗园的绿竹猗猗、幽静曲水、建筑典雅、楹联诗词、花石小路等五大特色景观文化,设计了"与古猗园的文化相遇"之课程。

一、课程图谱

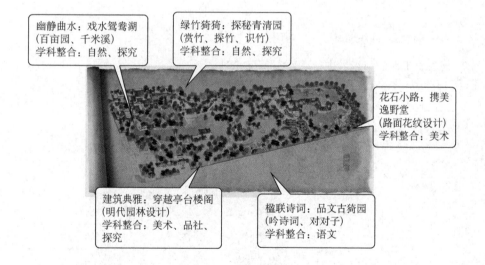

幽静曲水:戏水鸳鸯湖
(百亩园、千米溪)
学科整合:自然、探究

绿竹猗猗:探秘青清园
(赏竹、探竹、识竹)
学科整合:自然、探究

花石小路:携美逸野堂
(路面花纹设计)
学科整合:美术

建筑典雅:穿越亭台楼阁
(明代园林设计)
学科整合:美术、品社、探究

楹联诗词:品文古猗园
(吟诗词、对对子)
学科整合:语文

二、课程目标

　　1. 了解古猗园"竹与山石、道路、建筑、小溪等相结合"的造景特色,认识竹之习性、竹之功用、竹之品格、竹之文化,理解古猗园的园名与园景相统一的原由。

2. 探寻"百亩之园、千米溪流"，研究古猗园河水治理措施，体验凿池引水、建亭架桥、池中设岛、曲径通幽的水景文化。

3. 欣赏古猗园的亭台楼阁，阅读建筑背后的历史故事，感悟明式建筑精致典雅、造型多变之美。

4. 观察古猗园花石小路的图案设计与变化，研究图案的吉祥寓意，以及与周围景致的关联，体味匠心之美。

5. 欣赏古猗园的匾额，诵读古猗园的楹联，品味其意境与文化。

三、课程内容

本课程以"揭秘古猗园文化特色"为主题，包含以下五个学习模块：

❖ 模块1：绿竹猗猗——探秘青清园

走进青清园，认识自然之竹、功用之竹、文化之竹。

请跟着下面的思维导图，展开学习活动吧。

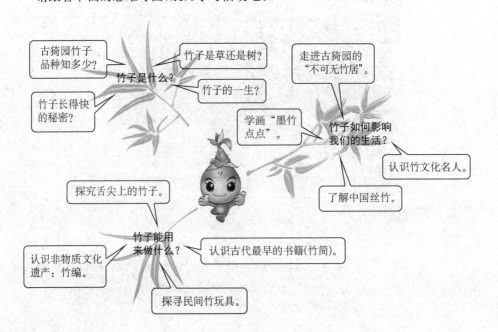

模块 2：幽静曲水——戏水鸳鸯湖

古猗园的园艺布局，从明代起就以戏鹅池为中心，后经清代至中华人民共和国成立后的历次修复和拓扩，都注重挖河理水，以水为主相映园景。古猗园的水，与外隔绝，但在百亩之园中，有千米距长的溪流。以方池和狭长形的水面形态，多弯曲折，而有源远流长之感。

鸳鸯湖是古猗园的中心地带，湖上架九曲桥，桥中建湖心亭。鸳鸯湖水面约 15 亩，九曲桥将湖水分为东、西两半。湖面四周，亭、堂、阁、轩高低错落，山水相连，视野开阔。湖里的鸳鸯，游得飞快，翻起浪迹多多。红红的鲤鱼家族比较安静，但是只要有一点点的美食诱惑，就会全体总动员。最让人羡慕的是一对黑天鹅，在湖面较为安静之处，秀着恩爱。

跟着下面的思维导图，展开学习活动吧——

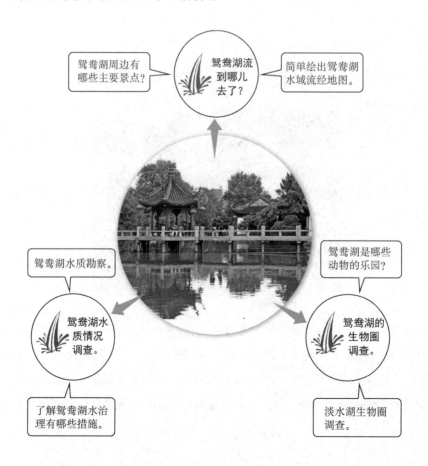

鸳鸯湖周边有哪些主要景点？

鸳鸯湖流到哪儿去了？

简单绘出鸳鸯湖水域流经地图。

鸳鸯湖水质勘察。

鸳鸯湖水质情况调查。

了解鸳鸯湖水治理有哪些措施。

鸳鸯湖是哪些动物的乐园？

鸳鸯湖的生物圈调查。

淡水湖生物圈调查。

◈ 模块3：建筑典雅——穿越亭台楼阁

古猗园的亭台楼阁以明式建筑为主，亭台楼阁多临水而建，与水景配合，体现了"亭台到处皆临水，屋宇虽多不碍山"的意境。建筑平面形式多种多样，立体造型变化多端，体现江南园林建筑精巧、自由、活泼的特点。屋面小瓦筒瓦，屋脊花色镂空，各种斗拱、飞檐翘角、门窗式样、雕刻装饰，油漆粉刷色彩简朴素雅，具有明代园林建筑艺术风格。

带着下面的问题，展开学习活动吧——

缺角亭，又名"补阙亭"，意为缺角志耻，勿忘爱国。位于古猗园竹枝山顶，造型飞翼凌空，色调柔和瑰丽，是沪上闻名的爱国主义纪念地。高悬于亭内的"缺角亭"三字，由书法大家胡问遂（1918—1999）题写。

探究2个问题：1."缺角亭"的建筑特点。

2."缺角亭"名称的故事由来。

鹤寿轩，运用两单元方型建筑交叉勾连，形成前后参差之格局，生动活泼，富有变化。轩上部为重檐，十四只翘角上饰以仙鹤，轩内设座栏。其名取《淮南子·说林训》中"鹤寿千岁，以极其游"之意，以此表达了人们祈求长寿的美好愿望。

鹤寿轩东侧的荷花池中立有宋代旧物普同塔。塔基以覆莲作须弥座的装饰，塔身高约两米,平面六角形,镌刻如来佛像、各式花纹等。

探究 2 个问题:1. 研究鹤寿轩建筑的对称美。

2. 了解普同塔的来由。

玩石斋,原名"翠霭楼",是火神庙之打唱台。楼的正面开阔、雄伟,二楼中央挑出一阁,凸面华丽,飞檐斗拱。打唱台圆型拱顶由近百只鸟头拼嵌组成,中间精雕二龙戏珠,细格斑鳞,精妙绝伦,被赞为"典型的清代宏伟建筑"。

探究 1 个问题:发现玩石斋建筑中的美? 并用画笔或相机记录下来。

由磴道登龟山之顶,自翔云阁向四周眺望,鸳鸯湖、青清园尽收眼底,松鹤园、戏鹅池景物森然。飞檐翘角的翔云阁,宛如白鹤展翅,寓意登高望远,吟怀历史。龟山顶中央树"百寿碑"，以赑屃为座，碑正面凿一"寿"字，碑背凿一百个寿字组成的百寿图，寓意"时代昌明，人寿年丰"。

探究 2 个问题：1. 发现翔云阁的建筑特点。

2. 探究古猗园"长寿区"的景致。

模块 4：花石小路——携美逸野堂

古猗园的路，随建筑、绿化、山石水池的布局曲折绕行，依地形起伏而自由变化，与猗园环境自然和谐，富有情趣。路面花纹的安排和材料的选择，因地段而异。在建筑周围长方规则形地处，选择方形或六角形几何图案；在道路弯曲宽狭不一以及多边自然形地处，选用冰裂纹直线条图案，以适应路面曲折变化。花纹图案内容，与周围景观相配合，如梅花厅前后地坪，铺设了梅花形状的图案。在小云兜假山地坪处，铺设"龙"的图案，有龙云相配意境。特别值得一提的是"逸野堂"的四周的道路地坪上饰有碧玉如意、无字天书、暗八仙等图案，游人经过，似踏织锦，如入仙境。

跟着下面的思维导图，研究花石小路的图案变化吧——

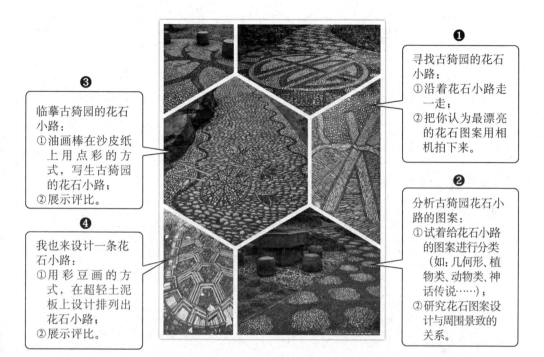

①

寻找古猗园的花石小路：
①沿着花石小路走一走；
②把你认为最漂亮的花石图案用相机拍下来。

③

临摹古猗园的花石小路：
①油画棒在沙皮纸上用点彩的方式，写生古猗园的花石小路；
②展示评比。

④

我也来设计一条花石小路：
①用彩豆画的方式，在超轻土泥板上设计排列出花石小路；
②展示评比。

②

分析古猗园花石小路的图案：
①试着给花石小路的图案进行分类（如：几何形、植物类、动物类、神话传说……）；
②研究花石图案设计与周围景致的关系。

模块5：匾额楹联——品文古猗园

古猗园中的许多匾额既能概括园林景点意境，又能点明历史典故，还能使人欣赏书法艺术的美。"白鹤亭"使人联想南翔镇得名的由来，"微音阁"体现抗日战争时期南翔知识分子在黑暗中奋起斗争的精神。"绘月"使人想到明月当空，月光透过廊窗在墙壁上留下倩影的夜景。"鸢飞鱼跃轩"即喻此处可仰观飞鸟，俯视游鱼。

古猗园的楹联，是对景区意境的具体描述和赞美。

不系舟楹联：十分春水双檐影，百叶莲花七里香。——[清]廖寿丰

南亭楹联：月来满地水，云起一天山。——[清]叶长春

梅花厅楹联：池馆清幽多逸趣，梅花冷处得香遍。——陈从周

跟着下面的思维导图，品味匾额楹联的文化内涵吧——

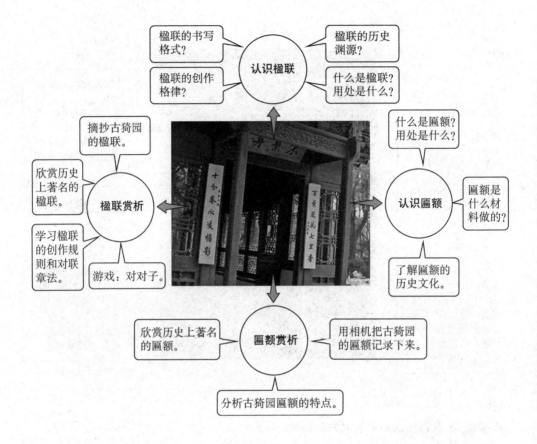

（撰稿：龚志萍）

 课程实施 ————————————————————————

直抵心灵深处的学习

"古猗园"课程的实施是一个动态的过程，是教师教学方式和学生学习方式转变的综合体现,其课程实施以走进古猗园学生的经历为主,倡导学生主动参与、乐于探究、勤于动手,培养学生收集和处理信息的能力、分析和解决问题的能力,以及交流与合作的能力。

课程实施过程是学生的学习方式,也是教师教学方式的一种体现,在以古猗园为载体的课程实施过程中,我们打破传统拘泥于课堂中的学习方式,努力创新学生的学习方式,比如整合式、行走式、搜索式、项目式、创客式学习……形式多样的学习方式带来了古猗文化相关课程的变革,使得学习过程直抵学生的心灵深处。

一、整合式学习

整合式学习是指学生围绕古猗园五大特色,与语文、数学、自然等学科有机整合,通过与各个学科的教学目标要求相整合,引导学生较为全面地了解古猗园的园林特色、亭台楼阁、花石小路、楹联诗词等。

与品社学科整合:以古猗园的青清园为实践点,引导学生用感官认识竹子,通过看一看、摸一摸、闻一闻、敲一敲、听一听、折一折、咬一咬、尝一尝……了解竹子的名称与种类、外形与特性、功用与文化。

与自然学科整合:以鸳鸯湖为中心,研究古猗园湖泊、溪流排布的地理特点,研究鸳鸯湖的水质情况。

与数学学科整合:认识园中具有代表性的亭、楼、阁、轩等建筑,让学生体会建筑师们将正方形、圆、立方体和带拱的半球等概念组合起来,体会古猗园中数学思维启发下的创造性建筑,感受位置的几何精确性、对称的美,比较分析建筑形式特点,以及细节装饰之美等。

与语文学科整合:围绕古猗园诗词、楹联展开教学,通过诗词品读初步了解园林的历史与文化,通过研究楹联的文化与功用、创作特点与方法,引导学生开展“对对子”实践体验活动。

与美术学科整合:在古猗园,无处不存在着美的元素,路面、柱子、小路上点线面组合的图案,池塘里竖立的雕塑,等等,都蕴含着美术课堂上延伸的知识。比如通过对古猗园花石小路的图案设计研究,认识古猗园园林设计的细节之美。

◆ **案例 1-1**

教师在《古猗园的竹之拓展——嘉定竹刻》一课中,与美术学科相整合,将教学目标设定为：1.知识与技能：在观察与讨论的过程中,初步了解竹刻的特点,学会欣赏竹刻艺术。2.过程与方法：通过竹刻资料阅读、图片欣赏等方法,简单了解竹刻的发展史。3.情感态度与价值观：了解嘉定竹刻被选入"第一批国家级非物质文化遗产名录",并通过欣赏与交流,增强学生的自豪感。

教师设计的实施过程

教学环节	教师活动	学生活动	设计意图
我会猜 (欣赏图片,引入课题)	1. 教师出示图片,让学生猜猜这些竹子上的图案是如何形成的。 2. 教师介绍：竹刻。(出示课题："嘉定竹刻")	学生交流。	通过欣赏图片并采用猜一猜的方法,激发学生的学习兴趣。
我会说 (找找生活中的竹刻作品,尝试归纳竹刻特点)	1. 组织学生交流调查表,知道身边的竹刻制品。 2. 教师出示带来的竹刻作品,请学生尝试归纳竹刻作品的特点。 3. 教师归纳竹刻制品的特点。	1. 学生交流。 2. 指名回答。	通过课前的收集和调查,找到并记录生活中的竹刻作品。
走进嘉定竹刻 (根据信息窗和图片,简单了解嘉定竹刻的发展史)	1. 读一读"信息窗",在四人小组内说说你对嘉定竹刻的了解。 2. 教师出示图片介绍位于嘉定州桥老街上的嘉定竹刻博物馆。 3. 出示竹刻作品图片,学会欣赏竹刻作品。	1. 四人小组讨论。 2. 简单了解圆雕、浮雕、留青、微刻、阴刻、透雕、贴黄、镶嵌等竹刻方法。	通过小组讨论,以强带弱,提高学生的自主探究和学习的能力。
总结拓展 (通过教师总结,了解更多的嘉定竹刻)	1. 师小结：嘉定竹刻距今已经有500年的悠久历史。"以刀代笔,以书法刻竹"是嘉定竹刻的主要特点与传统技艺。 2. 课后拓展：利用双休日,和家人一起去探游一次嘉定竹刻博物馆,拍下游玩时的照片,试着与大家分享照片里的故事,并尝试写一篇《嘉定竹刻馆参观游记》。	1. 学生观看图片,感受嘉定竹刻的精妙。 2. 实地探访。	通过教师介绍,欣赏图片等方法,让学生感受到嘉定竹刻的精妙,激发学生的自豪感。

续　表

教学环节	教师活动	学生活动	设计意图
评一评（根据课堂表现给自己打星）	组织学生根据自己在课堂上的表现，从以下几个方面进行自评： ① 我了解竹刻工艺发展的历史。 ② 我认真参观了嘉定竹刻馆。 ③ 我欣赏竹刻艺术的精美。 给课堂表现积极且得到所有星星的小朋友发"你真棒"奖章，以示鼓励。	根据自身课堂表现，在书上给自己打星。	通过评价，使学生了解自身的学习状况；使老师更直观地了解课堂效果。

二、行走式学习

行走式学习指学生在教师的指导下边走边学，通过行走的方式置身于学习对象中，感受一草一木、体验周边环境、学习与之相关的知识、从中获得领悟的学习方式。行走不是漫无目的的走马观花，在行走之前，教师的教学方式与之相呼应，给出行走任务书，让学生带着任务在行走中找寻答案，让行走的经历成为学习的体验。在行走中，教师边走边介绍行走中看到的景与物，这要求教师提前了解行走中遇到的景物相关知识，让学生的行走变得有意义。在行走后，给学生搭设一个平台和空间，交流行走中的收获，提出问题，延伸课堂的长度。

案例 1-2

教师在《古猗园六景》一课中，将教学目标设定为：1. 知识与技能：了解古猗园的人文历史，丰富学习经历，拓展学习内容，激发学生探究古猗园六景的兴趣。2. 过程与方法：通过实地走访等形式，鼓励学生通过"看一看、聊一聊、画一画、评一评"的方式探究古猗园六景，既关注学习的过程，也关注适时的评价。3. 情感态度与价值观：穿越南翔的"古今中外"，作为一名"新南翔人"或者是南翔的本地人，对古猗园六景有进一步了解，激发爱乡之情、爱国之感。

教师设计的实施过程

教学环节	教师活动	学生活动	设计意图
学习古猗园的相关内容	课前布置预习作业：和爸爸妈妈一起参观古猗园六景，和他们一起了解古猗园六景的介绍。	和爸爸妈妈一起参观古猗园六景，制作关于古猗园六景的资料卡。	自主学习，对古猗园六景有进一步了解。
探究古猗园的六大景区	提问：想一想、说一说，古猗园的六大景区是什么？指名交流。	思考并说一说古猗园的六大景区。	了解古猗园六大景区的建筑特色。
小组交流	小组交流：小朋友们课前探游古猗园六景的情况，讨论自己对哪个景点最感兴趣，理由是什么？	分小组交流课前探游古猗园的情况，讨论自己对哪个景点最感兴趣，并说说理由。	通过小组讨论，加深了解古猗园六景的相关文化。
游戏：我是古猗园的小导游	组织游戏：我是古猗园的小导游，选择六景之一作介绍。	参与游戏，做古猗园小导游，选择一个景点向大家作介绍。	用游戏的方式激发学生探索古猗园六景的兴趣。

三、搜索式学习

搜索式学习指在教师的指导下，学生通过网络等途径搜索需要的信息，并按照需求进行整理和分析，学习相关内容与知识。当下信息时代，学习渠道丰富多彩，比如说互联网、电视媒体等，这些都能让学生接触的世界更加广阔。老师能够接触到的知识，学生通过网络基本上同样能够接触到，但是在那么广阔的知识海洋中，如何找到自己所需要的，而不是漫无目的地搜寻，这就需要老师的指导和帮助。学生的搜索过程改变了过去获取信息的方式，使学习古猗园的过程更便利、更迅捷，提高了学生获取知识的速度和广度，丰富了解决问题的方法。同时搜索式学习也减少了学生对老师的依赖，使得终身学习变得更容易。古猗园的学习中，老师发现一景一物、一草一木都可能蕴含着故事和历史，但是没有办法给学生再现，老师就自然想到了搜索式学习。其实搜索的过程就是一个学习的过程，这个道理是显而易见的。某种程度上讲，搜索式学习能够将学习的过程变得简单一些，但是搜索不仅局限于信息的收集，还需要在教师的指导下,对搜索来的信息分析、比较、筛选、交流等,经过综合性思维,让搜索来的信息和资源真正为我所用,实现解决问题、甄选决策、创新使用的目的。

◆ **案例1-3**

教师在《古猗园简介》一课中,将教学目标设定为:1.知识与技能:知道古猗园是上海五大古典园林之一。知道古猗园的由来,对古猗园全景有一个全面的认识。2.过程与方法:通过文本浏览、上网查询等形式,采用"看一看、聊一聊、晒一晒、评一评"的方式探究古猗园,对古猗园有大致的了解。3.情感态度与价值观:通过探游古猗园,作为一名"新南翔人"或者是南翔的本地人,都对南翔有进一步的了解,激起爱乡之情、爱国之感。

教师设计的实施过程

教学环节	教师活动	学生活动	设计意图
从古典园林引入古猗园。	聊一聊,说说你知道哪些园林,引入古猗园就是其中的一座古典园林。	说说自己知道的园林。	从学生已知的引入,激发学习兴趣。
通过简介,知道古猗园的概况。	介绍古猗园,知道古猗园是上海五大古典园林之首。	和同学简单介绍一下古猗园的概况。	通过说一说的方法让学生对古猗园有一个初步认识。
说说自己了解的古猗园。	请你向大家介绍一下你游览过的古猗园,说说古猗园的景色。	学生交流,说一说在古猗园游览过的地方。	结合自身经历,说说古猗园的景致,分享游览的成果。
欣赏图片,小组赛一赛。	观赏古猗园的图片,猜一猜是古猗园的哪个景点,小组赛一赛,激发学生对探游古猗园的兴趣。	猜景点,赛一赛。	通过比赛的形式激发起学生对于探游古猗园的兴趣。
自读古猗园介绍,交流自学到的知识。	以小组为单位读一读课本中对古猗园的介绍,知道古猗园的由来,对古猗园全景有一个大致了解。并说说自己知道了关于古猗园的哪些知识。	小组合作,读一读,并交流自己从课文中了解到的古猗园。	通过小组讨论,以强带弱,提高学生的自主探究和学习的能力。

续 表

教学环节	教师活动	学生活动	设计意图
作业布置	利用双休日,和家人一起去探游一次古猗园,拍下游玩时的照片,试着与大家分享照片里的故事。	课后探游古猗园,拍照并分享故事。	通过课外实践活动,自主探游古猗园,丰富课外活动经历,对古猗园有进一步了解。

四、项目式学习

项目式学习指给学生以团队的形式参与有主题的项目,并赋予各自学习任务,分不同的角色,通过研究问题、得出结论,在团队小组中分工合作,完成项目研究中的任务。通过这样的学习方式,学会与人合作,培养自主探究、解决问题的能力。

◈ 案例1-4

在《古猗园竹子》中,教师将教学目标设计为：1. 知识与技能：了解古猗园的人文历史,丰富学习经历,拓展学习内容,激发学生探究古猗园竹子的兴趣。2. 过程与方法：通过项目组合作,以"看一看、聊一聊、画一画、评一评"的方式探究古猗园竹子,既关注学习的过程,也关注适时的评价。3. 情感态度与价值观：穿越南翔的"古今中外",作为一名新南翔人,对古猗园竹子有进一步的了解,激发爱乡之情、爱国之感。

教师设计的实施过程,如下：

教学环节	教师活动	学生活动	设计意图
通过古猗园名字的由来,了解竹子是古猗园最具特色的植物。	介绍《诗经》里的"绿竹猗猗",古猗园名字就是由此而来,再了解竹子是古猗园最具特色的植物。	说说古猗园名字的由来。	引经据典,让学生了解古猗园的文化底蕴。

续　表

教学环节	教师活动	学生活动	设计意图
网络探究竹子的种类,以及它们的不同习性。	课前布置学生通过网络、实地参观等方式收集古猗园不同种类竹子的习性。课上组织交流。	合作交流课前收集到的古猗园不同种类竹子的习性。	通过学生的自主探究,认识古猗园不同种类的竹子。
了解竹子不同的特点,有不同的功用。	课前布置学生通过网络、实地参观等方式收集归纳古猗园不同种类竹子的特点和功能。课上组织交流。	合作交流课前收集到的古猗园不同种类竹子的特点和功能。	通过学生的自主探究,了解古猗园不同种类竹子的特点和功能。
小组谈论竹子的用途。	指导小组交流竹子的用途。	小组讨论竹子的用途,指派代表交流,讲讲竹子的用途。	通过小组讨论,以强带弱,提高课堂效率。
再次讨论旅游时的文明礼仪。	提问:参观古猗园竹子时要注意哪些文明礼仪?	说说旅游时要注意的文明礼仪。	通过学生的自主发言,总结旅游时要遵守的礼仪文明。
吟诵清朝诗人郑板桥的诗作《竹石》。	出示古诗《竹石》,简单说说意思,并指导吟诵。	吟诵古诗《竹石》。	通过吟诵古诗,让学生更加喜爱古猗园的竹子,更加喜爱自己的家乡南翔。
评一评:自己在小组活动中的表现。	组织学生根据自己在课堂上的表现自评。	根据要求完成自评。	通过评价,帮助学生进行学习反思。

五、创客式学习

创客(Mak-er)中"创"指创造,"客"指从事某种活动的人,创客式学习指勇于创新,努力将自己的创意变为现实。学生在"创造性地做"中学习,他们根据需要进行设计和创造,这一过程将会跨学科进行整合。创客式学习以学生的兴趣为起点,推动学生收集资源,然后进行整理,创作实物。近年兴起的3D打印技术,对很多老师来说还是比较新潮时髦的概念,对学生来讲更加是极具吸引力的尝试。在课程实施的过程中,遇到古猗园的桥等桥梁结构时,学生除了了解古猗园桥的相关知识,设计桥梁,还可以使用 3D 打印机把学生的设想变成现实。

 案例 1-5

在《古猗园的桥》中，教师将教学目标设计为：1. 知识与技能：学习古猗园的桥的名称和特点。能够说出三个以上的南翔古桥及其特点。2. 过程与方法：通过观察、学习了解古猗园的桥的不同之处。3. 情感态度与价值观：通过学习能够产生对古猗园的桥的热爱，从而激发对南翔的热爱之情。

教师设计的实施过程

教学环节	教师活动	学生活动	设计意图
想一想	教师：你知道古猗园有哪些古桥吗？ 教师讲解"古桥"的概念，引导学生说一说。 教师：你能说得出名称吗？	学生自由讨论。 学生交流反馈。	调动学生已有知识，拉近课本知识和生活实际的距离，培养学生的语言表达能力。
听一听 学一学 聊一聊	教师出示古猗园的桥的图片。 教师：你去过古猗园的桥吗？你还能知道南翔镇其他的桥吗？（师拓展八字桥、香花桥、天恩桥等，出示图片和名称。） 教师：你能说一说它们的相同之处和不同之处吗？（师拓展古桥的历史故事。） 教师：说一说你去过以上哪几座古桥？和谁去的？最吸引你的是哪座？	学生自由交流。 同桌交流。 学生交流反馈。	通过观察学习，认识古桥的建筑特点。进一步增强学生对古桥的认识，激发对古建筑的热爱之情。
编一编	教师出示几首关于桥的小诗。 教师：试着和好伙伴创编一首小童谣。	学生反馈查找的资料。 同桌交流。 分小组交流。	通过编写童谣，检测学生课堂知识的掌握程度。培养学生的表达能力。
做一做	你能根据古猗园的桥的特点，尝试制作一个桥的模型吗？用 3D 打印机做出桥的模型。	学生讨论得出桥的特点，利用 3D 打印机编程制作出桥的模型。	通过制作桥的模型，培养学生科创精神。

（撰稿：刘海平）

课程评价 ————————————————————————————

让美好伴随学习全过程

　　学校古猗文化校本课程以"古猗园"为主体，结合办学理念以及课程目标，推出"让美好伴随学习全过程"评价体系，协调古猗文化与学科知识的交融、互渗，整合校内与校外、课内与课外的各项资源，让学生在主题探究活动中发掘自己的潜能和优势，获得成功的体验，促进每个学生综合素养的发展，引领全体学生健康快乐成长。

一、评价内容

　　根据课程目标，结合学生的学习情况、生活实践、探究创新、审美意识等方面的表现，我们确立了探秘青清园、戏水鸳鸯湖、携美逸野堂、穿越亭台楼阁、品味古猗园五个方面的主题探究模块，教师在探究活动中根据学生的学习反馈情况，进行即时评价，适时做好阶段评价，让评价伴随学生的学习全过程。

　　在评价过程中针对学生的学习能力，制定科学的、可操作的评价标准、设计评价量表，促进学生对所学习的内容进行回顾、反思和总结，让评价成为学习经历的一部分。

二、评价维度

　　评价中关注课程开发的合理性、科学性、人文性；关注教师课程的设计能力，执行能力；更关注学生"良好的人文素养、宽厚的知识素养、浓厚的探究欲望、亮丽的爱好特长"等四有培养目标的达成,促进学生自我认识建立自信,发掘潜能,成为具有古猗小品质的学生。

1. 关注知识目标:以问题为主题,强调学科交融

以"绿竹猗猗、静曲水幽、建筑典雅、楹联诗词、花石小路"等五大特色为系列,以学生感兴趣的问题为主题,进行探究实践活动。它强调不同学科知识学习的相互配合,以达到提高学习效率的目的,最终实现不同学习阶段、不同学科课程的相互配合,达到学科交融、教学优化、提高效率的目的。

2. 关注能力目标:借助实地走访,纠正学习偏差

现在的学生在进行学习和调查研究时,总是倾向于借助网络获取资料信息,很容易形成狭隘的观念:足不出户就可以学到一切东西。借助古猗文化校本课程的学习,正好可以纠正这个偏差。基于古猗文化的校本课程具有很强的地域性,学生只有亲身经历、实地调查走访,才能真正认识、利用具体可感的乡土资源,发现问题,激发学习兴趣。

3. 关注情感目标:了解园区特色,积存美好情感

基于古猗文化的校本课程与学科课程的不同,其课程设置和内容的选择上,更着眼于培养学生了解、热爱古猗园的情感、态度和价值观。因此,评价不应过于注重知识的掌握程度,而应注重学生在了解古猗园的园林特色、园林布局、主要景点和园林文化的过程中所表现的情感、态度、价值观等,看学生是否积极吸纳本地优良传统,积存古猗文化进而建设美好南翔的情感。

三、评价方法

在主题探究的学习过程中,课程负责教师积极尝试嵌入式、分享式、团队式、展示式、众筹式等多种评价方式,对学生参与主题探究活动过程中的学习态度、合作精神、探究精神与学习能力、收获与反思进行适切的、科学的、全面的评价。

1. 嵌入式评价

在探究活动中,不同学科的教师抓住教材中的共通点,进行有益的整合,教师们根

据教学实际情况,灵活运用不同的方式对学生在学科活动中的表现进行评价。

如在《探秘竹子》的主题活动中,根据学生的兴趣,以拓展学科为切入点,整合多门学科,开展广泛的多领域的探究活动。品德与社会课的教师鼓励、指导学生开展小调查,了解竹刻的发展史;美术教师带领学生欣赏各种竹子饰品,并自己动手制作;音乐教师通过学唱歌曲《竹子冒尖尖》进一步引导学生欣赏竹子的美感。多学科、多维度评价使探究活动充满了生机与活力,提高资源开发利用的效益。

2. 分享式评价

在分享学习内容和学习成果时,教师尝试借助学习任务单的形式进行无痕分享,并组织学生展开交流活动,同时完成评价单。

如在《探秘竹子》的主题活动之后,为了让学生体会竹子与日常生活产生的关联,教师布置了课后学习任务单:逛超市,调查竹子在生活中有什么用? 学生通过观察超市里面琳琅满目的竹子制品,在分享交流中谈到竹纤维等各种各样的拖鞋、竹席、竹筷、甚至连化妆品都有。孩子们在交流分享中体会到竹子产品在生活功用上的密集度是非常高的。

3. 团队式评价

由于课程的地域性质,学生几乎每次学习都要进行实地走访、调查、拍照、取样、制作等活动。这就需要发挥小组团队共同协作的作用,结合班级"小组争星"星级评价制度,评价的重心由鼓励个人竞争转向团队合作达标。

如在"走进古猗园"探究学习中,我们确定了"为新南翔人点赞"的评价内容。通过小组间成果分享,对比小组分享开展前后的一些数据,我们可以清楚地发现学生的变化:小组分享之前的调查数据显示,只有37%的学生"为身为南翔人感觉自豪",58%的学生"为身为南翔人感觉一般",原因是南翔除了文化历史久远一点,没有什么其他特别的。而经过小组成果分享后,94%的学生"为身为南翔人感觉自豪"。这一评价内容强化了对学生的情感教育,增强了学生对家乡的归属感、自豪感、认同感和建设家乡的责任感。

4. 展示式评价

学生就如多棱的宝石,从不同角度不同侧面都能发出璀璨的光芒。教师要善于发现并挖掘其优势，给学生创设自我展示的舞台，使其获得自信与成功的体验，激励其不断进步。由于古猗园课程的丰富多彩，因而可以与学校传统节日庆典相结合，进行展示性评价。

如在创客式学习之后，结合我校科技节活动，让学生根据古猗园桥的特点，尝试制作一个桥的模型，利用3D打印机编程打印，进行作品展示评比，对于优秀的作品为他们举办个人会展，在相互欣赏和评析中为每名学生提供参与活动的机会和进行展示的舞台，使活动充满生命力。

5. 众筹式评价

古猗园课程评价的特色就在于评价主体的地方性、多元化。除了教师评，学生自评、互评，家长评价外，古猗园课程评价的主体还包括园区人员和相关专家等具有地方特色的众筹式评价。

针对古猗园课程实施的内容，园区内的老师傅、园区内的管理员、名人故居的介绍员、小吃店的厨师……这些极具地方特色的"评价员"，他们一起帮助学校确定评价方案、一起参与评价，一起分享评价结果。无论是学生、教师，都可以从更专业的角度来获得经验、指导，并积极进行反思、调整。在他们的帮助和指导下，五年级学生撰写的项目学习成果报告将反馈给地方部门。如，"给园林设计支招"报告将反馈给园林设计院；"走进古猗花石小路"的研究报告将反馈给美术馆；"品味古猗园"的调查报告将反馈给名人古迹文物的保护单位……从地方文化的宣传、联系、保护、推动等方面看，这无疑是十分有效的互动和交流，真正提升了古猗园课程实施评价的价值。

在评价形式上，我们还根据不同年龄学生的特点采取不同的评价方式。如，低年级采用"形象类评价"———"红花"、"大拇指"、"笑脸"等，中年级多采用"语言性评价"，高年级主要采用"等级评价"。对于难以测量的学习结果，我们通过作品展示、现场表演、实物制作、项目设计、对话交流等多种方式来评价。

总之，学生在古猗园探访学习中有一个不断探索和成长的过程，我们在评价时还结合运用评价的综合原则，对"古猗园一日游"课程评价的内容、要求、过程和结论进行综合全面的评价。为了便于管理、总结和指导学生，我们尝试设计了一张《古猗园探秘活动学习成长记录卡》。表格如下：

古猗园探秘活动学习成长记录卡

班别：　　　　姓名：

主题名称			
活动时间		活动方式	
组长		小组成员	
本人承担任务			
本人的体会与感受			
自我评定			
家长或专业人士评价			
指导老师评语			
成果形式和进入档案袋的成果名称			
评定星级			

在表格的后面设计一种新的评价模式——档案袋评价。档案袋评价是学生成长的记录,这个记录既包括学生不同学习阶段、不同课题的研究成果或代表性作品,也反映取得这些成果的过程。这种模式是设计一个体系,将学生在一段时间内学习情况的有关信息,有目的地进行系统收集和归总,形成学生在这一阶段中所作出的努力、进步情况、学业成绩方面的结论。对这些资料的分析,加上与学生的交谈和直接参加一些学生的小组活动,教师就能够对小组的学习情况和取得的成绩进行实时评价,为课程实施奠定基础。

（撰稿：童建芬）

第2章 给儿童完整的世界图景

教育是对人性本质的理解。一门优质的课程不仅包含丰富的教学内容和多元的学习方式,更为重要的是在设计的伊始确立精准的目标引领课程的开发。在实施的过程中,以培养一个"完整的人"为最终的归宿,传授知识的同时,更关注学生情感素养的形成和发展,让学习处于一种良性的、可持续发展的状态之中,为学生的终身学习奠定基础。

✤ **文化坐标**
一笼满满的乡愁

✤ **学程设计**
舌尖上的南翔

✤ **课程实施**
动于指尖 留于心间

✤ **课程评价**
让学习变得更灵动

文化坐标 ————————————————————————————

一笼满满的乡愁

民以食为天，饮食是维持人类生命的基本条件，中华民族是一个注重饮食，把饮食视作"天道"的民族。同时，我们的祖先更注重饮食质量，孔夫子提出"食不厌细，脍不厌精"的观念，影响了中华民族两千多年来的饮食传统，形成博大精深、丰富多样的饮食文化。而每个地区又都有与众不同的饮食习惯和味觉倾向，各自将这些精妙的技艺发展成了一种习俗，一种文化。地处江南的嘉定南翔，也有自己特点，精致和美味就是其基本追求。

南翔镇以独具风味的食品工艺闻名于世，其中尤以"南翔四宝"：郁金香酒、罗汉菜、肥羊大面及南翔小笼为著名，而南翔小笼已迈出国门，走向世界。

一、历史与文化

名闻遐迩的南翔小笼有着 140 余年的悠久历史，除了是馈赠亲朋好友的佳品，它也承载着南翔发展历史的印记。据考证，南翔小笼始于清同治十年（1871），由南翔镇日华轩点心店主黄明贤所创。当时黄明贤制作的"南翔大肉馒头"深受百姓的喜爱，生意甚好，其他的点心店老板竞相模仿。但是黄师傅不

南翔小笼 1

日华轩点心店

断研发,精益求精,把"南翔大肉馒头"变成了"南翔小笼包子",从而广为人知。自此以后,黄明贤所在的日华轩点心店生意蒸蒸日上,而"南翔小笼"也扬名在外了。

南翔民风古朴淳厚,到过南翔的许广平先生说南翔"居民大有上古遗风,淳厚之至"。(鲁迅、许广平《两地书》)南翔市民衣食住行,崇尚节俭,果腹温饱后,也追求口味,讲究饮食。乡绅士子,更是注重饮食,他们不重奢华重美食,追求饮食雅致清逸的格调和文化品位,成为一地的风尚,精美而简单的小笼馒头,恰好满足了他们对美食的需求。

二、工艺与特点

南翔小笼,如今已是上海乃至海内外家喻户晓并喜欢的美味点心,其美味深为世人喜爱。由于方言称谓表述的关系,上海人俗称的"南翔小笼馒头",并不是北方人所指的"馒头",而是以皮薄、馅大、汁多、形美著称于世的包子;又由于其用急火和小笼来蒸制,所以上海人又称其为"南翔小笼"。南翔小笼历经岁月的沧桑,它在中国食品点心史上是一种享誉中外的精美点心,如今在海内外享有很高的知名度。

中国各地都有包子,南翔的小笼馒头又有什么独特的魅力呢? 关键在于它的做工讲究,肉馅精良。据专家考证,清同治十年(1871),黄明贤对大肉馒头采取"重馅薄皮,以大改小"的方法。他用不发酵的精面粉为皮,馅料选用猪腿精肉,且用手工剁成,肉馅里还加上肉皮冻。做肉皮冻很讲究,最独特的是不用味精,用隔

南翔小笼 2

年老母鸡炖汤，煮肉皮成冻，拌入肉馅，馅里撒入少量研细的芝麻，加入蟹粉或虾仁或春笋，每两面粉制作 8—10 只馒头，每只加馅 3 钱，折褶 14 个以上。出笼时呈半透明状，形如荸荠，小巧玲珑。拨开小笼包的面皮，可以清楚地看到丝丝黑白的蟹肉和粒粒金色的蟹黄密密地镶嵌在肉馅里，一同造就了独一无二的美妙口感。戳破面皮，蘸上香醋，就着姜丝，咬一口南翔小笼，其肉馅里鲜美的汤汁，令人感觉余香津津，回味无穷。

三、创新与经济

随着时代的变迁，古镇南翔同样经受着近代商品经济的挑战。在面临同行激烈竞争的情况下，日华轩点心店主黄明贤继续悉心经营着南翔小笼的家业，在原来的基础上改良制作，将馒头缩小，并将发面改用揉面，其制作的馒头以"形如荸荠、皮薄肉丰"而逐渐出名。南翔小笼馒头由此正式问世。

如今，南翔小笼已成为南翔的一张名片，于是"小笼文化节"孕育而生。"小笼文化节"于每年的 9 月底开始持续到 10 月初，在这一周内，南翔镇人会围绕"南翔小笼"举办各式各样的活动，其中"千桌万人吃小笼"的盛宴就是一大亮点。当时的场面热闹非凡，小笼宴在南翔老街人民街开席，前来参与活动的人们不仅品尝着美味的小笼包，更感受着美食与文化的有机相融。活动丰富多彩，还有亲子的小笼 DIY 体验活动，荟萃京、昆、越、沪等多种剧种的南翔曲戏庙会，真是人声鼎沸，甚为热闹。

小笼文化节 1　　　　　　　　　　　　　　　　小笼文化节 2

南翔小笼不仅是沪上饭店的佳肴,也成为远在异乡的"老嘉定"们,用以舒解离愁别绪的寄念之物。清咸丰、光绪年间,淘庵居士陈墨荪竹枝词云:"飘零书剑十年长,异地难逢话故乡。别亿佳蔬罗汉菜,慰情犹有郁金香。"表达了诗人对故乡的眷恋和怀念。

（撰稿：杨勤珍）

 学程设计 ————————————————————————————

舌尖上的南翔

围绕舌尖上的南翔——南翔小笼的历史与今朝、指尖与舌尖、小小传承人等三大特色小笼文化,精心设计了"舌尖上的南翔"课程。

一、课程图谱

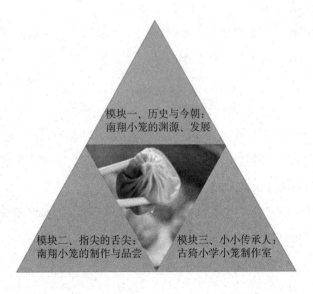

模块一、历史与今朝：
南翔小笼的渊源、发展

模块二、指尖的舌尖：
南翔小笼的制作与品尝

模块三、小小传承人：
古猗小学小笼制作室

二、课程目标

1. 了解南翔小笼的历史渊源和当代发展，对南翔小笼文化如何从地方走向世界的过程有所了解。

2. 品尝南翔小笼，感受它的细腻美味，体悟工艺的精细和劳动过程中的快乐。

3. 探究古猗小学小笼制作室的秘密，零距离体验南翔小笼的制作，争做非遗文化小小传承人。

三、课程内容

本课程以"舌尖上的南翔"为主题，包含以下四个学习模块：

◆ 模块1：历史与今朝——南翔小笼的渊源和发展

让我们走进南翔小笼的国度，瞧一瞧它是如何从地方美食走向世界的！

1. 你们知道是谁给我生命的吗？

2. 我今年多大了呢？

3. 谁知道我的家乡在哪里？

4. 我又是怎么走向世界大舞台的呢？

历史溯源：从"日华轩"到"长兴楼"

清代同治十年（1871），南翔镇日华轩点心店店主黄明贤对大肉馒头采取"重馅薄皮，以大改小"的方法，并将发面改用揉面，改良后的馒头以"形如荸荠、皮薄肉丰"而出名。南翔小笼馒头由此正式问世。

作为"日华轩"学徒的吴翔升，在黄明贤的基础上继续改进，将馒头从大蒸笼改为小蒸笼制作。于此，小笼馒头在南翔逐渐声名鹊起。光绪二十六年（1900），吴翔升带着制作师傅赵秋荣在上海城隍庙开了一家小笼馒头的店——长兴楼。至此,"南翔小笼"的名字首次出现并一举成名。

当代发展:从南翔走向世界

南翔小笼由于其制作工艺的不断改良,很快在上海风靡起来,人们口耳相传,南翔小笼成为上海滩最热衷的早点之一,甚至正餐时也会有它的身影。

南翔小笼走上了品牌之路,且品牌越做越大,老字号永续经营,在继承和发展中进一步拓展。南翔小笼已经扩展到日本、韩国、新加坡、印尼、马来西亚等国家和中国香港、澳门地区,开设了几十家分店,2008 年在德国汉堡开出南翔小笼第一家欧洲分店。2010 年南翔小笼入驻上海世博会,来自世界各国的游客们品尝到了这一形、色、香、味俱全的上海名点。

由于南翔小笼发展势头迅猛,其制作工艺被列入了 2007 年上海非物质文化遗产保护名录,2014 年被文化部列为第四批国家级非物质文化遗产代表性项目。

模块 2:指尖的神奇——南翔小笼的制作工艺

(一)指尖小笼制作

小朋友们,平时都是我们去店里吃小笼,那你们会不会制作呢? 今天我们就一起来学习制作小笼吧!

1. 制馅儿

南翔小笼包的馅心是用夹心腿肉做成肉酱,再配以调料搅拌而成。仔细看图示。

南翔小笼的馅料配方(20 个小笼的馅料用量)

	新鲜猪前腿肉 250 克,切碎剁细。		白糖少许

续　表

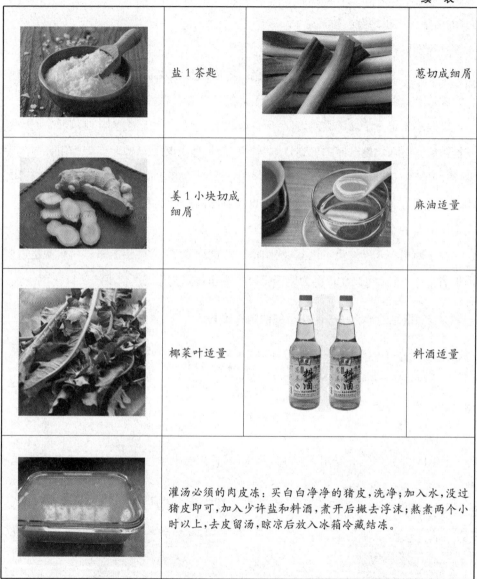

	盐 1 茶匙		葱切成细屑
	姜 1 小块切成细屑		麻油适量
	椰菜叶适量		料酒适量
	灌汤必须的肉皮冻：买白白净净的猪皮，洗净；加入水，没过猪皮即可，加入少许盐和料酒，煮开后撇去浮沫；熬煮两个小时以上，去皮留汤，晾凉后放入冰箱冷藏结冻。		

2. 制作面皮

南翔小笼包的皮是用不发酵的精面粉制作而成（50 克面粉可包 8 个），下面是制作面皮的详细步骤。

第一步：和面 　　选用上等的精白面粉，面粉不发酵，加入冷水开始和面，注意：一定是冷水，冷水面皮子筋道。	
第二步：揉面 　　把面揉成团，揉到光滑有韧性，做到"三光"，即面光、盆光、手光。把揉好的面团搓成条。	
第三步：做面坯 　　在案板上撒上面粉，将成条形的面团揉匀，用手揪成等量大小的面坯，传统叫法叫做下剂子。每个面坯重量控制在 7～8 克之间。	
第四步：醒面 　　在面坯上抹上精制油，是为了防止每个面坯之间粘连。再翻匀，用保鲜膜包好，醒面 20 分钟。	
第五步：压面皮 　　用手掌把面坯压成圆饼状的面皮，待用。	

3. 包馅儿

第一步 　　用筷子夹一小坨肉馅儿放在面皮中间，再把面皮放在左手手心。	
第二步 　　左手大拇指轻轻压住肉馅儿，右手大拇指和食指捏住皮子边儿折成褶子，一边捏一边旋转，捏出 14 个以上的褶子。	
第三步 　　手指慢慢捏合小笼包，收口，可爱的小笼包就成形啦。	

4. 蒸烧

第一步 　　将包好的小笼包一个个放入蒸屉中，一般来讲，一笼放 16 只或者 20 只小笼包。	

续　表

第二步 　　将蒸屉放在锅上蒸，在上笼蒸时，必须严格控温、压力和火候，根据温度调整 3 至 10 层的笼屉高度，旺火沸水蒸 5 分钟。在家里蒸时，旺火沸水蒸 8 分钟即可。出笼时小笼呈半透明状，非常诱人。（特别提示：不要蒸过火，以免穿底。）	

品尝南翔小笼

（二）舌尖上的美味

南翔小笼制作过程精细讲究，它的食用同样是十分讲究的。正如这首顺口溜所言：轻轻提，慢慢移。先开窗，后吸汤。下面我们一起来尝一尝吧！

热腾腾的小笼上桌啦！轻轻咬开一口，最后一定要记得蘸醋吃哦，这样才香甜！

模块 3：小小传承人——古猗小学小笼制作室

南翔小笼为市级、国家级非物质文化遗产。南翔镇每年都会在著名景点如古猗园、檀园等举行小笼文化节。古猗小学作为开办在南翔镇的一所学校，一直致力于南翔小

"巧手囡"社团

笼文化的传承工作。为此,古猗小学和古猗园签约,聘请南翔小笼第六代传承人李建刚为民族文化项目的指导老师。每周三,学校的快乐活动日时间,都会看到李建刚老师和他的徒弟们热情耐心地教孩子们制作小笼。祖国的花朵们就是在这样一次次活动中感受着南翔小笼制作的精细,品味着味道的香美,感受着家乡浓郁的小笼文化气息!

古猗小学在南翔小笼文化传承方面做出了突出贡献,被评为嘉定区"非遗进校园"试点学校,第二批全国中小学中华优秀文化艺术传承学校。

非物质文化遗产进校园

古猗小学小笼制作基地不仅承担了每周三本校学生的教学工作,还承担了南翔镇、嘉定区等兄弟学校师生的实践体验,区级、市级组织的暑期夏令营与社会实践活动。亲身体验者纷纷表示对南翔小笼有了不同于以往的认识。

南翔小笼,如今已不仅仅是一种美食,围绕着它还形成了独特的美食文化,南翔镇政府和当地很多学校、公益机构都致力于小笼文化的宣传和传承。

（撰稿：方志婷）

 课程实施 ————————————————————————————

动于指尖　留于心间

"南翔小笼"课程在内容选取上,紧密结合学生的生活经验,符合小学生的认知特点,围绕南翔小笼的历史与今朝,制作与品尝,以及在古猗小学的校本化实施等方面展开教学。由学生喜爱的美食入手,以南翔特色美食为立足点,以小见大,从小笼的身上看南翔的古今变化,是非常有意义和有价值的。

在课程实施的过程中,我们鼓励学生以不同的学习方式推进课程,比如行走式、聚焦式、体验式等多元的学习方式,旨在学习的过程中全方位挖掘学生自主探究的潜力,以小组合作为学习的基本形式,在分享和交流的过程中提升学生的核心素养。

一、场景式学习

"场景式学习"顾名思义就是指把学生置身于与课程相匹配的情景中,学生通过寻访、实践等方式,有计划、有组织地进行自主学习的一种方式。这种学习方式的优势在于充分调动学生的自主能动性,将学习的场所从课堂延伸至课外。在与学习内容相匹配的情境中,更有利于开展有效的学习活动。

教师在组织学生了解"南翔小笼的历史和今朝"这一版块时,由于地域的优势,就充分运用了这种学习方式展开课程的学习。

❖❖ 案例 2-1

在《南翔小笼的历史》中,教师制定这样的活动目标:知识与技能:了解南翔小笼的相关历史故事。过程与方法:通过实地寻访,知道南翔小笼的发展历史。情感态度与价值观:通过亲身体验,感悟小笼与"生活美"的内在联系。

根据以上活动目标,我们设计了如下的活动:

活动一:谈一谈,想一想

1. 你们吃过南翔小笼吗? 味道怎么样?

2. 四人小组讨论,个别学生交流"品尝小笼"的体会。

3. 教师讲述南翔小笼的"前生今世"。

清同治十年(1871),南翔镇日华轩点心店主黄明贤对大肉馒头采取"重馅薄皮,以大改小"的方法,并将发面改用揉面,改良后的馒头"形似荸荠、皮薄肉丰"而出名。南翔小笼馒头由此正式问世,距今已有 140 多年的历史。

提问：南翔小笼的创始人是谁？南翔小笼距今已有多少年的历史？南翔小笼的特点是什么？

4. 学生听教师讲解"南翔小笼"的故事，进行知识竞猜。

【设计说明】用谈话导入教学，激发学习兴趣，引导学生思考，揭示教学内容。通过听故事，了解南翔小笼的历史。对南翔小笼有初步的认识。

活动二：访一访，谈一谈

1. 教师带领学生来到南翔老街的"日华轩"，讲述小笼的发展。

学生边听边感受，可以到"日华轩"点心店里面坐坐，感受历史浓厚的气息。也可以小组为单位，对日华轩点心店里的老员工进行采访，听一听他们与南翔小笼的故事。

2. 师：关于南翔小笼，还有许多书籍。如果没有南翔小笼创始人黄明贤的改良，我们便尝不到现在的小笼了，请打开连环画，看一看黄明贤的传奇经历。

3. 师：南翔小笼世界闻名，让我们再从《南翔古镇文化书系》中看看，南翔小笼在国内外的蓬勃发展吧！

【设计说明】带领学生亲临现场，能够让学生对小笼的历史认识更加深刻，激发爱乡之情。对小笼包有全面客观的理解和评价。

活动三：品一品，尝一尝

1. 师：现在你已经了解了南翔小笼的"前生今世"了，那小笼的滋味尝起来就更不同啦！休息日请和家人一起到南翔老街、古猗园路，探寻、品尝百年飘香的南翔小笼的奇妙滋味吧！

2. 学生休息日和家人去南翔的老街吃小笼。

【设计说明】让学生感悟小笼与"生活美"的内在联系。

二、实作式学习

"实作式学习"就是要充分调动学生的一切感官对事物仔细地、专注地、全面地研究。观察时需要学生的眼力，感受时需要学生的感知力，思考时需要学生的脑动力，等等。这种学习的方式需要学生全身心地投入，只有通过亲身的体验才能有效地完成学习任务。这既是一种挑战,也是对学生综合能力的锻炼,一举两得。

案例 2-2

在《南翔小笼的制作工艺》第三课时《包馅》时,教师确定了这样的活动目标:知识与技能:掌握小笼包包馅的方法和技术关键。过程与方法:能比较熟练地进行包馅活动。情感态度与价值观:形成良好的团队合作精神和创新意识,体会"南翔小笼"与古镇发展的内在联系。

根据以上活动目标,我们设计了如下的活动:

活动一:赏一赏,看一看

1. 师:桌面上呈现的小笼包小巧玲珑,形如荸荠,14 个以上的折褶均匀清晰,给人赏心悦目之感。下面我们来学学如何包馅。

2. 小笼师傅亲自示范包馅的过程。

第一步:用筷子夹一小坨肉馅放在面皮中间,把面皮放在左手手心。

第二步:左手大拇指轻轻压住肉馅,右手大拇指和食指捏住皮子边儿折成褶子,一边捏一边旋转,捏出 14 个以上的褶子。

第三步:手指慢慢捏合小笼包,收口,可爱的小笼包就成形啦!

3. 学生观察师傅做好的小笼包,说一说小笼外形的特点。

4. 仔细观察,并在小组内交流,看到了什么,讨论包馅时的注意事项。

【设计说明】通过观察激发学习兴趣,导出教学内容。师傅的现场演示,让教学体验更加直观有效。

活动二:学一学,做一做

1. 通过小笼师傅现场制作的演示操作,各组学生在组长的分工下共同完成小笼的制作任务。

第一步:练习包面团

用面团包面团的方法,练习如何边捏边旋转,捏出褶子和收口成"鲫鱼嘴"。

第二步:练习包馅

成功捏出褶子并收口的学生进行下一步的练习,练习用面团包馅。

2. 小笼师傅对学生制作中出现的问题进行纠正并给予指导。

3. 交流体验心得，取长补短，讨论在包馅过程中的困难。

【设计说明】在做的过程中培养团结协作意识，在练习包馅的过程中，体会制作工艺的精细。

活动三：议一议，评一评

1. 包馅捏出褶子特别困难，小组讨论，在实践中，你发现了什么窍门？

2. 交流学习体验，取长补短。并且能自行归纳要点。

3. 学生实操结束，将成品摆放整齐。然后小笼师傅对部分学生的实操过程和实操成果进行点评。本着多表扬，少批评，激发学生的学习积极性的同时找出其操作中的手法问题和制品中存在的质量问题，指出应达到的质量标准。

4. 收拾整理操作台，认真清理。

【设计说明】牢记小笼制作的关键操作步骤，让学生对包馅有全面客观的理解和评价，并培养良好的清洁习惯。

三、搜索式学习

"搜索式学习"就是通过运用各种途径，查找搜集资料，再进行信息地提取和整合，得到自己想要内容的一种学习方式。这种学习方式的优势就是培养和锻炼学生信息提取能力。在学生面对大量资料的情况下，如何从这些资料中获取与研究内容相匹配的信息，这至关重要。

❖ 案例 2-3

在《小小传承人》模块中的第一课时《名人与南翔小笼》中，教师确定如下活动目标：知识与技能：知道名人与南翔小笼的故事。过程与方法：通过各种途径收集、交流名人与南翔小笼的故事，逐渐养成信息收集、整理、归纳的能力。在合作撰写关于"南翔小笼"小诗过程中培养合作、创新能力。情感态度与价值观：感悟"南翔小笼"这一古镇名片的文化内涵，激发新老南翔人的爱乡之情。

根据以上活动目标,我们设计了如下的活动:

活动一:查一查,说一说

1. 师:南翔小笼,盛名天下,美誉中华。南翔小笼是当今食品皇冠上的一颗明珠。经历了百年的历史积淀,南翔小笼的名声与日俱增,终成百年老字号。许多名人慕名而来,只为尝一尝这个名点。

2. 指导学生通过选择不同的途径了解叶辛、赵春华、魏滨海等名人与南翔小笼之间的故事。

3. 师:为什么他们都要来南翔吃小笼呢?

4. 师:是啊,正是由于南翔小笼它的那份原汁原味、自然淳朴却始终不变,吸引着一批又一批的食客。

提问:你还知道哪些名人与南翔小笼的故事?

5. 以小组为单位通过翻阅书籍,上网查询,采访家人等方式了解与南翔小笼有关的名人故事,制作"名人信息卡"。

6. 师:他们不远千里就是为品味上海传统的饮食文化,品味远离喧嚣都市的那份"乡野"之情,品味好吃的南翔小笼。

【设计说明】激发学习兴趣,了解名人,通过学生之间信息的补充交流,培养学生信息提取和获得的能力。

活动二:吟一吟,写一写

1. 师:我们的南翔小笼驰名中外,以皮薄、馅大、汁多、味鲜、形美著称,它的味道让食客们流连忘返。

2. 师:有位小作者于慧还将南翔小笼的味道作于她的诗中,我们一起来品味品味。

展示小诗:我的小镇,我的小笼

我生活过的小镇,

很有味道。

小笼馒头的香气,

始终在我心头缠绕。

拎着"网篮"的游客,

那么热闹，

整条街都是一个味道。

市区的亲戚来了，

我跟着沾光。

啊，小笼的味道，

真是难言的美妙。

3. 师：相信你们对于南翔小笼也有你们自己的情感，试试小组合作一起创作一首"小笼"的小诗。

4. 师：哪个小组愿意和我们分享你们创作的诗？

5. 师：我们一起来吟诵我们自己创作的小诗。

6. 小组合作吟诵小诗，创作"小笼"的小诗。

【设计说明】以轻松的氛围，把学生拉回到生活中，感受南翔小笼与我们的现代生活，激发学生创作的欲望，将自己的情感寄于诗中。

综上所述，"南翔小笼"的课程实施环节中主要运用了"场景式"、"实作式"和"搜索式"等多元的学习方式，力求从学生的感觉、触觉和视觉等感官有效激发学生的学习兴趣，调动学生的学习热情，使之能够全身心地投入到学习的情景中去，科学合理地提高课程效率。

学生上课

（撰稿：丁艳君）

课程评价 ——————————————————————————————

让学习变得更灵动

南翔小笼是学校古猗文化校本课程实施的重点内容,结合办学理念以及课程目标,推出了"让学习变得更灵动"评价体系,协调古猗文化与学科知识的交融、互渗,整合校内与校外、课内与课外的各项资源,教会学生面点制作的工艺技巧,培养学生的动手实践能力,成为传承民族文化,践行非遗进校园的有效载体。以探寻"小笼文化"为链接,引导学生了解南翔的历史与文化,品味古镇情怀,激发学生热爱生活的品质,点燃爱家乡、爱祖国的思想情感。

一、评价内容

根据课程目标,结合学生的学习情况、生活实践、探究创新、情感文化等方面的表现,我们确立了南翔小笼的历史与发展、制作工艺、故事三个方面的主题探究模块,教师在探究活动中根据学生的学习反馈情况,及时进行即时评价,适时进行阶段评价,让评价伴随学生的学习全过程。

在评价过程中针对学生的学习能力,制定了科学的、可操作的评价标准、设计评价量表,促进学生对所学习的内容进行复习、反思和总结,让评价成为学习经历的一部分。

二、评价的维度

评价中关注课程开发的合理性、科学性、人文性;关注教师课程的设计能力,执行能力；更关注学生"良好的人文素养、宽厚的知识素养、浓厚的探究欲望、亮丽的爱好特长"等四有培养目标的达成，促进学生自我认识建立自信，发掘潜能，成为具有猗小品质的学生。

1. 关注知识与技能目标，激发学习兴趣

知识与技能目标，让学生了解"南翔小笼"制馅、和面、做坯、压皮、包褶、蒸制等一系列制作工艺，引导学生仔细观察、动手实践，在"试一试、做一做、尝一尝"等环节中，逐步掌握"小笼"的制作技法。以学生感兴趣的问题为主，进行探究实践活动。它强调不同学科知识学习的相互配合，以达到提高学习效率的目的。

2. 关注过程与方法目标，有效落实探究实践活动

通过文本阅读、信息查阅、探寻走访等活动，引导学生在"学一学、说一说、想一想、议一议"等学习环节中，了解南翔小笼的发展历史，领会历届"小笼文化节"的内涵与风貌。基于古猗文化的校本课程具有很强的地域性，学生只有亲身经历、实地调查走访，才能真正认识，利用具体可感的乡土资源，发现问题，激发学习兴趣。

3. 关注情感目标，激发爱国爱乡的美好情感

基于古猗文化的校本课程与学科课程不同，其课程设置和内容的选择上，是着眼于培养学生了解南翔的历史与文化，品味古镇情怀，激发学生热爱生活的品质，点燃爱家乡、爱祖国的思想情感。因此，评价不应过于注重知识的掌握程度，而应注重学生在探寻南翔小笼的历史与发展中、走进"小笼文化节"现场中、动手制作南翔小笼的过程中、聆听"名人与小笼"的故事中所表现的情感态度与价值观，看学生是否积极吸纳本地优良传统，积存古猗文化进而建设美好南翔的情感等。

三、评价方法

在主题探究的学习过程中，课程负责教师积极尝试多维度、分享式、团队式、展示式、众筹式等多种评价方式，对学生参与主题探究活动过程中的学习态度、合作精神、探究精神与学习能力、收获与反思进行适切的、科学的、全面的评价。

课程实施以三维目标的实现为评价基础，不仅要关注学生学得哪些知识或本领，

还要关注学生在校本课程中养成了哪些良好的行为习惯,如学习习惯、卫生习惯、礼仪习惯等;如在《品尝南翔小笼》的主题活动中,我们设置了会交流、讲礼仪、守纪律和爱动脑四个维度的评价,当学生能准确说出南翔小笼的特点时,教师就会在"会交流"下面贴上小笼吉祥物的贴纸作为奖励;当学生在品尝小笼的过程中,能做到文明用餐,教师就会在"讲礼仪"下面贴上小笼吉祥物的贴纸作为奖励;当学生在课堂上能做到遵守课堂纪律,发言先举手等,老师就在"守纪律"下面贴上小笼吉祥物的贴纸作为奖励。多维度的评价使探究活动充满了生机与活力,能够增强学生的学习兴趣,也能提高学生的自信心、激发学习的热情。

活动评价标志

1. 分享式评价

在分享学习内容和学习成果时,教师尝试借助学习任务单的形式进行无痕分享,并组织学生展开交流活动,同时完成评价单。

孩子们在交流分享中感悟"南翔小笼"这一古镇名片的文化内涵,激发新南翔人的爱乡之情。如在《名人与南翔小笼的情结》的主题活动之后,为激发学生对南翔小笼的情感,教师布置创作"小笼"小诗的课堂作业,学生纷纷有感而发,在班级里吟诵、交流、分享自己创作的诗,然后由老师和学生投票共同评选出最佳小诗人,获得小诗人徽章。

2. 团队式评价

由于课程的地域性质,特别是在第一模块"南翔小笼的历史与发展"中,需要学生进行实地走访、调查、拍照、取样、制作等活动。这就需要发挥小组团队共同协作的作用,结合班级"小组争星"星级评价制度,评价的重心由鼓励个人竞争转向团队合作达标。

如在"南翔小笼的历史"探究学习中，我们确定了"南翔小笼知多少"的评价内容。老师带领学生来到南翔老街的"日华轩"，小组成员通过自己的观察或采访小笼老师傅等方法，完成"南翔小笼知多少"的任务单，然后各小组在班级内交流自己小组的任务单，最后由老师与组长评选出"最佳小组"，最佳小组可获得奖品。这一评价内容不仅能够让学生对小笼的历史认识更深刻，激发爱乡之情，更能培养学生之间团结协作的能力。

3. 展示式评价

教师要善于发现并挖掘其优势，给学生创设自我展示的舞台，使其获得自信与成功的体验，激励其不断进步。由于南翔小笼课程的丰富多彩，因而可以与学校传统节日庆典相结合，进行展示性评价。

比如：结合文化非遗节日活动，组织小笼知识知多少竞猜，展示每个学生小笼文化知识学习的成果。让学生们动手制作小笼，进行作品展示评比，评选出优秀作品。对于优秀作品的学生，可以为他们举办个人小笼才艺秀，让学校里的其他学生来欣赏。在相互欣赏和评析中为每位学生提供参与活动的机会和进行展示的舞台，使活动充满生命力。

4. 众筹式评价

南翔小笼课程评价的特色就在于评价主体的地方性、多元化。除了教师评，学生自评、互评，家长评价外，南翔小笼课程评价的主体还包括小笼师傅和相关专家等具有地方特色的众筹式评价。

针对南翔小笼课程实施的内容，小笼的老师傅、古猗园的游客、小笼店里的顾客……这些极具地方特色的"评价员"，他们一起帮助学校确定评价方案、一起参与评价，一起分享评价结果。无论是学生、教师，都可以从更专业的角度来获得经验、指导，并积极进行反思、调整。在他们的帮助和指导下，五年级学生撰写的项目学习成果报告将反馈给古猗园餐饮公司的师傅们。从地方文化的宣传、联系、保护、推动等方面看，这无疑是十分有效的互动和交流，真正提升了南翔小笼课程实施评价的价值。

在评价形式上，我们还根据不同年龄学生的特点采取不同的评价方式。如，低年级采用"形象类评价"——"小笼吉祥物"、"大拇指"、"小竹节"等，中年级多采用"语言性评价",高年级主要采用"等级评价"。对于难以测量的学习结果,我们通过作品展示、现场表演、实物制作、项目设计、对话交流等多种方式来评价。

　　总之,学生在南翔小笼的探究学习中有一个不断探索和成长的过程,我们在评价时还可以运用评价的综合性原则,对南翔小笼课程评价的内容、要求、过程和结论予以综合而全面的评价。为了便于管理、总结和指导学生,可以指导学生设计一张《"南翔小笼知多少"学习成长记录卡》。表格如下:

表 2-1　"南翔小笼知多少"成长记录卡

班别:＿＿＿＿＿＿　姓名:＿＿＿＿＿＿

主题名称			
活动时间		活动方式	
组长		小组成员	
本人承担任务			
本人的体会与感受			
自我评定			
家长或专业人士评价			
指导老师评语			
成果形式和进入档案袋的成果名称			
评定星级			

　　在表格的后面设计一种新的评价模式——档案袋评价。档案袋是学生成长的记录,这个记录既包括学生不同学习阶段、不同课题的研究成果或代表性作品,也反映取得这些成果的过程。这种模式是设计一个体系,将学生在一段时间内学习情况的有关信息,有目的地进行系统收集和归总,形成学生在这一阶段中所作出的努力、进步情况、学业成绩方面的结论。对这些资料的分析,加上与学生的交谈和直接参加的小组活动,教师就能够对小组的学习情况和取得的成绩进行实时评价,为课程实施奠定基础。

（撰稿：裴盼盼）

第 3 章　经历一百个世界的风景

　　丰富的课程经历,带给孩子多元的生活体验。如果把课程视为世界,我们希望孩子能够经历一百个世界的风景。我们的课程不仅可以阅读,还可以探索和实践,是一门具有综合性的实践体验课程。通过整合活动、环境、教师等资源,合理调配学校、家庭、社会教育等资源,各尽所能、优势互补,使课程链接起孩子的日常生活、学习实践和社会经历,引导学生自我认识、健康生活、自主学习、社会交往、团队合作、社会履职,从而促进孩子的人性丰满。

　⊕　**文化坐标**
　　　"竹子文明"的国度
　⊕　**学程设计**
　　　猗猗绿竹的风姿
　⊕　**课程实施**
　　　我与绿竹有个约会
　⊕　**课程评价**
　　　感受竹韵悠长

文化坐标 ————————————————————————

"竹子文明"的国度

　　中国的江南村落，常在临水河边、宅前屋后种植竹林。在上海市嘉定区的古镇南翔，许多村落都有竹林，很多人家都会在庭院中种植慈孝竹，竹篱田舍，是寻常百姓家的景致。古镇上有一著名明代园林——古猗园，内有大片竹林谓"青清园"，清明前后，雨水一来，春竹便会破土而出，满园摇曳的竹林以及竹雕、竹诗、竹乐、竹画，把人们带入了竹的天地，充分体现"猗猗绿竹"的特色。

一、竹子的生物属性

　　竹子，多年生禾本科竹亚科植物，是高大、生长迅速的禾草类植物，竹叶呈狭披针形,茎为木质,有些种类的竹笋可以食用,竹的开花周期长。

竹子,类型众多,适应性强,分布极广,有的低矮似草,有的高如大树,生长迅速。竹子通过地下匍匐的根茎成片生长,也可以通过开花结籽繁衍,种子被称为竹米。

竹子是森林资源之一。据调查,全世界竹类植物约有 70 多属 1 200 多种,广泛分布在热带及亚热带地区,少数竹类分布在温带和寒带。竹子是常绿(少数竹种在旱季落叶)浅根性植物,对水热条件要求高,而且非常敏感,地球表面的水热分布支配着竹子的地理分布,可分为三大竹区,即亚太竹区、美洲竹区和非洲竹区,有些学者还单列"欧洲、北美引种区"。

竹子常和其他树种一起组成混交林,而且处于主林层之下。当上层林木砍伐后,竹子以生长快、繁殖力强的特点很快恢复成次生竹林。竹子用途不断扩大,经济价值高,人们植竹造林,近几十年来,地球表面森林面积逐年减少,而竹林面积却日益扩大。

二、竹子的生活属性

中国,竹类资源丰富,养竹用竹历史悠久,竹子与人类的文化生活结下不解之缘,在中华民族的日常衣、食、住、行中,到处都有竹子的倩影。

春天来了,竹笋是舌尖上的美味,最有名的就是腌笃鲜,清白的汤汁浸着粉红色的腌肉,脆嫩的笋芽,陈香混杂春意,是时间炖出的佳肴。

夏天来了,竹林是孩子们玩乐的天堂,可以开发无穷的乐趣:做个草绳套在脚上爬竹竿,做个弹弓穿梭竹林间寻找鸟雀,做个竹叶陀螺挂在蛛网上随风旋转,做根竹篙

撑杆跳到溪流中戏水,架根竹竿在林荫下垂钓,踩高跷、骑竹马,欢笑闹腾一片……

人们常用的生活工具也有很多来自竹林。扁担、竹筒等竹农具自不必说,田里扎瓜藤的竹架,撑船的竹篙,吃饭用的竹勺、竹筷,淘米用的竹篮,筛米用的竹筛,放水果的竹盘,摆放茶具的竹托盘……住的是竹楼,穿的是竹纤维,坐的是竹椅,睡的是竹

席，扫地是竹扫帚，洗锅是竹洗帚……竹子几乎陪伴了我们每天的生活。

三、竹子的文学属性

在中国，竹子影响了人们生活的方方面面，最古老的民歌有竹，最早的纸笔是竹，最常见的乐器是竹，国画画竹，庭院栽竹，诗歌咏竹……中国人是如此地喜爱竹子这种最普通的植物，以至于被外国人称为"竹子文明"国度。

一首古老的民歌《弹歌》唱道："断竹、续竹、飞土、逐肉。"说明早在 7 000 年前，我们的祖先已用竹子制作箭头、弓弩等武器，用于娱乐、捕猎或战争。宋代大文豪苏东坡曾感叹地说："食者竹笋、庇者竹瓦、载者竹筏、爨（cuàn）者竹薪、衣者竹皮、书者竹纸、履者竹鞋，真可谓不可一日无此君也。"

竹枝杆挺拔，修长，四季青翠，凌霜傲雨，倍受中国人喜爱。与梅、兰、菊并称为四君子，与梅、松并称为岁寒三友，古今文人墨客，爱竹咏竹者众多。

王安石的诗《与舍弟华藏院忞君亭咏竹》："一径森然四座凉，残阴余韵去何长。人怜直节生来瘦，自许高材老更刚。曾与蒿藜同雨露，终随松柏到冰霜。烦君惜取根株在，欲乞伶伦学凤凰。"赞美竹越老越坚韧刚强，寓意惜竹惜才，物尽其用，人尽其才的思想。

王维的诗《竹里馆》："独坐幽篁里，弹琴复长啸。深林人不知，明月来相照。"以竹入诗，体现清静安详的闲适生活态度。

郑板桥的《题竹石》："咬定青山不放松，立根原在破岩中。千磨万击还坚劲，任尔东西南北风。"赞美竹的坚韧顽强，借竹言志，隐寓正直不屈的为人风骨。

四、竹子的美学属性

唐朝诗人白居易在《养竹记》中将竹子品德概括为：竹本固、竹性直、竹心空、竹节贞。人们咏竹、画竹，表达对竹子的喜爱之情。北宋文同，元代柯九思，明代徐渭，清代郑板桥等书画家爱竹画竹，留下了许多传世之作，例如：文同的《墨竹图》，柯九思的《横竿晴翠图》，徐渭的《竹石图》，郑板桥的《修竹新篁图》……

身为嘉定南翔人，必须要了解的是国家级非物质文化遗产——嘉定竹刻艺术。嘉定竹刻艺人"以刀代笔，以书法刻竹"，将书、画、诗、文、印诸种艺术融为一体，赋予竹以新的生命，使竹刻作品获得书卷之气和金石品味，风雅绝俗，成为历代文人士大夫的雅玩。

位于嘉定区南大街 321 号的嘉定竹刻博物馆中，120 件竹刻艺术精品，充分展现了明清时代嘉定竹刻艺术的发展，阴刻、陷地深刻、薄地阳文、浅浮雕、深浮雕、透雕、圆刻等十余种多变的技法，具有明显的地域风格和鲜明的原创性，极具审美价值，在民间雕刻艺术中闪烁着光彩。

（撰稿：龚志萍）

 学程设计 ——————————————————————————

猗猗绿竹的风姿

围绕竹子的性能介绍，文化韵味，品德故事，艺术活动，精心设计了"猗猗绿竹"之课程。

一、课程图谱

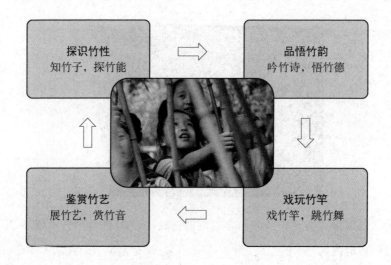

探识竹性
知竹子，探竹能

品悟竹韵
吟竹诗，悟竹德

鉴赏竹艺
展竹艺，赏竹音

戏玩竹竿
戏竹竿，跳竹舞

二、课程目标

1. 通过古猗园赏竹和校园探竹，了解竹子与园林设计的渊源，与生活息息相关，知晓竹子生长快，环境适应性强，并能说出几种特色的竹子，了解几种竹制品。通过嘉定竹刻馆的参观，欣赏竹刻的精美，了解竹刻发展历史。

2. 感受竹子与诗歌书画的关系深远，通过吟诵竹诗，学画竹子，阅读名人与竹的故事等方式了解"竹文化"和竹的"四种品格"。

3. 了解竹子是有骨气，有气节，坚贞的象征。通过观赏国画，欣赏并尝试竹刻的过程体验竹艺高雅。认识竹乐器，欣赏竹乐曲，并尝试吹奏或打击竹乐器。培养对竹乐的兴趣。

4. 会在生活中巧妙地运用竹竿，设计和体验益智类的游戏，丰富课余生活，提高弹跳、奔跑、反应能力，培养判断能力和勇敢果断的品质。

三、课程内容

本课程以"猗猗绿竹"为主题,包含以下四个学习模块:

模块 1: 探识竹性——知竹性,探竹能

竹,我们并不陌生,房前屋后,园内院外,河边湖畔,都有竹的身影。那么,你对竹究竟了解多少呢? 让我们走进古猗园,走进校园,走进生活,去了解竹子的性能吧!

请跟着下面的课程导图,展开学习活动吧——

1. 走近竹子

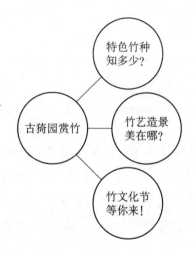

2. 探识竹性

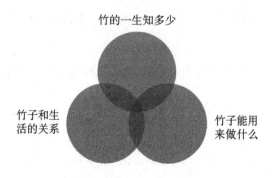

3. 校园探竹

4. 嘉定竹刻

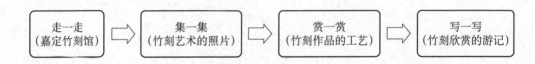

🔹 **模块2：品悟竹韵——吟竹诗，悟竹德**

"未出土时先有节，便侵云去也无心"。竹子在我们的生活中被赋予一种气节，这是它最高的文化形象。竹子具有"宁折不弯"的豪气和"中通外直"的度量，它性质朴而淳厚，品清奇而典雅，形文静而怡然，是中国人对气节和品行最好的诠释。

中国的文人雅士更是与竹有着鱼水般的关系。他们种竹，"家山竹好无人看，漫种庭前一两竿"；在竹林中品味一种超逸的境界，"苍苍竹林寺，杳杳钟声晚。荷笠带斜阳，青山独归远"；在竹林环绕的情景中读书、生活，"嘉果浮沉酒半醺，床头书册乱纷纷。北轩凉吹开疏竹，卧看青天行白云"，"帘虚日薄花竹静，时有乳鸠相对鸣"。简直是无处无竹，无竹无处。

竹子不仅深受古代文人的喜爱，现代文人也非常喜欢竹子，吟诗作画，发生了许多有趣的故事。

跟着下面的课程导图，展开学习活动吧——

1. 竹韵悠悠

    竹韵大家谈。

    竹诗赛一赛。

2. 竹情依依

    竹的启示?

    创作小竹诗。

竹子的精神

张御祺

一座山崖,一片竹林,

相互依靠地兀立在崖缝中!

在火辣的阳光下挺拔着,

是在告诉我们:

它的坚定的意志。

尖尖的竹笋露出小脑袋,

在滋润雨水中成长着。

经过无数的风雨后,

它们终于屹立在崖壁上,

向我们展示它的精神。

3. 名人与竹

竹林七贤的故事；

白居易、苏东坡的故事；

郑板桥的故事。

《兰竹图》

4. 领悟竹德

猜一猜（竹的谜语）。

悟一悟（竹的四德）。

说一说（竹德故事）。

模块3：鉴赏竹艺——展竹艺，赏竹音

千百年来，竹子在文化、艺术和人们日常生活中一直闪耀着奇异的光彩，而艺术家们也与竹结下了不解之缘，形成了丰富多彩、独具特色的竹艺术。其中，最能体现竹子价值的当数各种竹的工艺品。"此艺与竹化，无穷出清新"。中国的竹子艺术家们，正沿着竹子本身的气质和特性，通过自己的慧眼和巧手，创造了一系列的竹子工艺品。从精雅细巧的竹子编织到天然质朴的竹子装饰；从巧夺天工的竹筒、竹节造型到鬼斧神工的竹根雕刻，无不体现竹子清雅朴实的材质美，给人以形象的启迪和美的享受。

除此之外，由于竹的结构加之生长的普遍，用竹做成的乐器也非常之多，如"笛"、"箫"、"笙"、"筝"、"竽"，等等，不胜枚举。另外，用竹制成的打击乐器也不少，如竹鼓，竹管琴，竹梆子……古猗园每届竹文化节都有一个特色节目，就是用竹乐器演奏一首《秋声赋》，快跟着下面的课程导图，和我们一起去瞧一瞧吧——

1. 国画中的竹

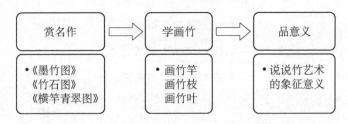

2. 竹刻与竹雕

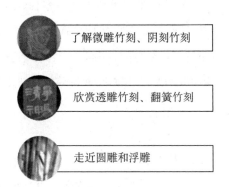

了解微雕竹刻、阴刻竹刻

欣赏透雕竹刻、翻簧竹刻

走近圆雕和浮雕

3. 竹乐器的世界

视频欣赏洞箫名曲《绿野仙踪》

视频欣赏排箫名曲《孤独的牧羊人》

视频欣赏竹笛独奏《牧民新歌》

视频欣赏葫芦丝名曲《月光下的凤尾竹》

4. 美妙的"竹打击乐"

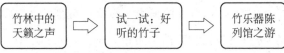

竹林中的天籁之声　⇒　试一试：好听的竹子　⇒　竹乐器陈列馆之游

模块 4：戏玩竹竿——戏竹竿，跳竹舞

将竹子制成竹竿，在外面包上各种好看的贴纸，装饰它，巧妙地运用它，让它变成我们游戏中的器材，发展学生的快速反应能力，行动敏捷能力，提高弹跳和奔跑能力。

1. 跳竹竿舞

课堂上教师可以让学生自由结合成若干小组，由学习原地跳竿到行进间过竿，由跳一组竿过渡到跳多组竿，由同一方向行进到迎面行进，由跳平行竿到跳十字形竿、正方形竿，由易到难、循序渐进地逐步掌握竹竿舞。

2. 齐放竹竿

这是一个团队目标游戏,室内外都可进行。选一根长约 3 米的竹竿,队员 8—10 人一组分列在竹竿两侧。然后,每人单手握拳伸出食指共同擎住竹竿,使竹竿与胸部同高且和地面平行。口令下达后,要求队员一起向下将竹竿水平放至地面,注意强调在水平下落的过程中,食指始终不能离开竹竿,否则将被淘汰出局,看哪个队完成得又快又好。

3. 盲人行走

首先在一定范围的场地上利用竹竿等器材设立一系列的障碍。例如:用十几根竹竿插上一片树林,再用竹竿在距离地面不同高度(30、50、80、120 厘米)搭起一些横竿,还可以让一些同学手持竹竿,使其前后连接、上下左右交错,组成网格状的障碍等。学生两人一组,一人在前作引导者,后边的同学被布条(红领巾、衣服等)蒙住眼睛扮作盲人(被引导)。口令下达后,两人手拉手开始出发,在有限的时间内,两人互相合作,运用走、跑、跳、绕、跨、钻、爬等方式,途中尽量避开障碍物,先抵达终点且碰障碍物次数少者获胜。

4. 竹竿拔河

课堂上,我们可以根据人数的多少合理选择竹竿的长短、粗细。少则两人之间可进行角力,横握、纵握都可以,看谁的脚步先移动则判谁失败;多则十余人时,则选择一定强度的长竹竿进行拔河比赛,队形可以是横队(双方队员面对面左右交错站立),也可以采用纵队(双方队员前后依次交错站位)站在河界两侧。一声令下,在拉拉队的呐喊助威下,队员齐心协力向后拽动竹竿,将对方队伍拉向本方场地,迫使对方越过河界而赢得一局比赛,通常要采用三局两胜的比赛办法决出“大力士”队。

5. 反应扶竿

小组 6—10 名同学围成一个直径 5 米左右的圆圈,然后从小到大依次报数并记住自己的代号,选择一名同学到圆心处手扶一根长约 2 米的竹竿,并使其与地面垂直,然后圈外同学顺(逆)时针移动(走、跑、滑步、交叉步等),当圆心的同学任意喊一代号同时手撒离竹竿,圈外相对应的同学立即跑至圆心处,并用手扶住竹竿,使其继续保持竖直状态,若反应慢而造成竹竿倒地,就算失败。然后失败者做相应惩罚后在圆心处接着喊号使游戏继续进行。

（撰稿：徐妍瑶）

 课程实施 ————————————————————————

我与绿竹有个约会

"猗猗绿竹"课程实施是以"绿竹"为载体,以新颖有趣的形式吸引学生,让学生识竹、品竹、爱竹、悟竹,进而体会竹趣、竹情。针对课程和学生特点设计别具一格的学习方式,让学生与绿竹亲密接触,或园中探秘、或赏析竹音、或嬉戏竹竿,把学生带入竹的天地,感受竹的无穷魅力。

课程学习的实施过程体现以学生为主体,教师为引导。针对教材特点和学生的实际情况,创新学生的学习方式,可以采用发现式、调查式、躬行式、主题活动式、游戏式学习等学生喜闻乐见的形式,让学生在学习中与猗猗绿竹结下"深情厚谊"。

一、发现式学习

发现式学习主张学生独立学习、独立思考,自己发现问题,自己解决问题并得出结论。它的目的在于最大限度地发挥学生学习的积极性、主动性和发展学生的各种能力,培养他们的探索与创新精神。发现式学习主张采用让学生探索、研究、讨论、争论、辩论的开放教学方式。

学生漫步校园,寻找竹子的踪迹,观其形、辨其叶、听其声;走进古猗园,满园摇曳的竹林把学生带入竹的天地,螺节竹、龟甲竹、圣音毛竹……真是各具风姿。学生带着对竹子的好奇,走进校园、古猗园去观察、发现竹子的秘密。

❖ **案例 3-1**

教师在《知竹性——古猗园赏竹》一课中,将教学目标设定为:

1. 知识与技能:了解竹子的基本特点,丰富学习经历,拓展学习内容。

2. 过程与方法:通过游览、观察等形式,鼓励学生通过"看一看、摸一摸、比一比、闻一闻"的方式探究古猗园竹子。

3. 情感态度与价值观:通过对竹子的了解,领悟竹子的品格,从而喜爱竹子。

教师设计的实施过程如下:

教学环节	教师活动	学生活动	设计意图
"游园"发现	教学准备: 1. 老师带领学生欣赏校园的竹子;在家长带领下参观古猗园的竹林。 2. 运用看一看、摸一摸、闻一闻、问一问、查一查等方法,了解竹子的不同种类。 3. 把自己的发现记在学习单上。	自主学习,对校园和古猗园的竹子作进一步了解。	学习猗猗绿竹的相关内容。
"我"的发现	1. 小组交流:小组成员逐个交流。 2. 交流汇总。	汇报自己的发现,认真倾听小组成员的发现。	小组交流。
"小组"发现	1. 从竹子的气味、形状、颜色、品种等方面汇报。 2. 小组交流学生对于竹子的了解,说一说对哪一种竹子最感兴趣,为什么?	通过小组交流讨论,加深对绿竹的了解。	了解竹子的特点。
欣赏竹艺造景	古猗园造景: 绿野仙踪、童趣竹苑、绿卿秋波、幽篁筱影……	欣赏典雅秀美的竹艺造景,你能说出它的名字吗?	激发学生对竹子的喜爱。

二、调查式学习

调查式学习,我们主要运用于学习竹子的作用时,在老师的引导下进行社会调查,了解竹子的作用,开阔视野,增进对竹子认识的学习方式。这种学习形式,将学习和质疑的主动权交到学生手里,课外活动与课内教学相结合,在一定程度上,打破传统的以课堂为中心,以课本为内容的学习模式。学生由被动接受改为主动探究,有利于学生主体的发展和创新精神的培养。

竹子生长快,适应性强,具有广泛的用途。组织学生走进生活,观察、采访、查阅资料,调查研究竹子在衣、食、住、行各方面的用途,了解竹子与人民的生活息息相关。

案例 3-2

教师在教学《探竹能——生活中的竹》一课中,将教学目标设定为:

1. 知识与技能:在调查研究的过程中,知道竹子在生活中的各种功能。

2. 过程与方法:通过资料查阅、观察采访等方法,了解竹子给人类物质文明和精神文明带来的作用和影响。

3. 情感态度与价值观:中国被誉为"竹子文明的国度",通过欣赏与交流,增强学生的民族自豪感。

教师设计的实施过程如下:

教学环节	教师活动	学生活动	设计意图
我会猜 (猜谜语,引入课题)	1. 教师出示谜语。(打一植物。) 2. 谜底就是:竹。今天我们就要来了解一下竹子在我们生活中的作用。(出示课题:第三课　生活中的竹。)	学生交流谜语答案。	通过猜谜语的方法,激发学生的学习兴趣。

续　表

教学环节	教师活动	学生活动	设计意图
我会说（说说竹子在生活中的作用）	1. 学生拿出调查表（相关同学出示调查表）。 2. 教师叙述：（出示竹子搭建房子图）同学们，你对中国竹子搭建房子有什么了解？ 3. 你听说过"竹房"这个词吗？你知道竹子和我们的生活有哪些联系吗？ 4. 教师归纳总结：衣、食、住、行、用。	出示调查表，汇报调查结果。 四人小组讨论。 指名学生说。	为学生创造展示自己兴趣的机会，培养学生的自信心和表现力以及沟通、交流的能力。
我来议（根据图片，了解从古至今竹子在生活中的作用）	1. 相关同学出示调查表。 2. 谁能简单说说竹子在人们的衣、食、住、行、用中的应用？ 　衣：秦汉时期人们的服装…… 　食：西周时期的食物…… 　住：竹子建筑…… 　行：竹制交通设施和运输工具……	指名学生任选一个问题回答。 （如学生答不上来，可先小组讨论后再回答。）	通过回答问题，检验学生实践与倾听的效果，也使学生进一步了解竹子在生活中的作用。
总结拓展（通过教师总结，学生自主的查阅，了解更多竹子的功能）	1. 教师介绍竹子在我国古代的运用：在原始社会时期，竹子与人们的生活有着密切的关系。古人用竹子制作雨伞、筷子、家具以及手工艺品；古代的文字还曾刻在竹简上保存下来；由于竹林具有适应各种温度，减少噪音、净化空气、减少风力的特性，人们还用竹子保护环境；3 000年前，竹笋已是人们非常喜欢的菜肴了！ 2. 如今，竹乡安吉，竹子已得到100%的利用，竹纤维服饰、家纺产品、竹地板、竹炭、竹家具等竹产品已经越来越多地走入我们的视野。 3. 课后拓展：上网查阅竹子的功能；写一篇竹子功能的说明文。	1. 学生观看图片，了解竹子在我国古代的运用。 2. 讨论总结，竹子还有哪些功能。 3. 查阅资料。	通过教师介绍，欣赏图片等方法，让学生了解到竹子在我国的广泛运用，激发学生的民族自豪感。
评一评（根据课堂表现给自己打星）	1. 组织学生根据自己在课堂上的表现，从以下几个方面进行自评： 　①了解了竹子的多种功能。 　②课后我认真参观了学校的竹制品陈列馆。 　③我懂得了竹子与我们生活的关系。 2. 给课堂表现积极且得到所有星星的小朋友发"你真棒"的章，以表鼓励。	1. 根据自身课堂表现，在书上给自己打星。 2. 给调查表评价。	通过评价，使学生了解自身的学习状况；使老师更直观地了解课堂成效。

三、躬行式学习

躬行式学习是指学生在学习竹刻、竹画、竹编时,通过仔细观察研究后,自己亲自动手实践的学习方法。"纸上得来终觉浅,绝知此事要躬行"这种方法打破了单一传授的局限性,让学生在操作的过程中,对于竹子的外形、结构、品格有更深的理解。学生学习竹刻、竹编、竹画的基本技法,尝试进行创作,让学生感受到嘉定竹刻的精妙,激发学生的文化自豪感。

◆ 案例 3-3

教师在《展竹艺——国画中的竹》一课中,将教学目标设定为:

1. 知识与技能:在观察与讨论的过程中,初步了解竹画的特点,学会欣赏竹画艺术。

2. 过程与方法:通过欣赏、动手绘画等方法,掌握基本的竹画绘画技巧。

3. 情感态度与价值观:了解竹历来被仁人志士赞咏,且以画竹、竹画寄托自己的情感,以竹明志。

教师设计的实施过程,如下:

教学环节	教师活动	学生活动	设计意图
赏名作	1. 教师出示图片,让学生欣赏: 郑板桥的《竹石》,文同的《墨竹图》,柯九思的《横竿晴翠图》,徐渭的《竹石图》等。 2. 教师介绍:竹画。(出示课题:国画中的竹。)	学生欣赏交流。	通过欣赏图片,激发学生的学习兴趣。
国画竹的基本画法	1. 画竹竿。 2. 添画竹竿与竹枝(枝干老根画法、小枝出枝法、主干新枝组合法)。 3. 描绘竹叶(三笔结分字、单组叠加、多组叠加、嫩叶新篁)。 4. 丰富画面。	学生观察交流、提出疑问。	明确竹子的基本构造,了解竹画的基本技法。

教学环节	教师活动	学生活动	设计意图
学生动手绘画	教师边巡视边讲解：用毛笔画竹子时，所有的用笔都是从下往上挑，这样才能画出竹子的生长感。	学生边观察边画画。	通过画竹，提高学生的动手能力和观察分析能力。
作品展示	1. 逐个展示学生画作，在学生点评后，教师点评。 2. 重点选两三幅有代表性的作品。 3. 评选优秀作品。	对照基本画法技巧，说说每部作品的优劣，以及改进意见。	通过展示作品，学生感受到竹画的精妙，激发其文化自豪感。
评一评（根据课堂表现给自己打星）	1. 组织学生根据自己在课堂上的表现，从以下几个方面进行自评： ① 我了解竹画发展的历史。 ② 我认真欣赏了国画。 ③ 我会画国画竹子啦。 2. 给课堂表现积极且得到所有星星的小朋友发"你真棒"的章，以表鼓励。	根据自身课堂表现，在书上给自己打星。	通过评价，使学生了解自身的学习状况；使老师更直观地了解课堂成效。

四、主题活动式学习

主题活动式学习主要运用于在学生积累了一定的竹诗、竹子故事的基础上，通过"诗词大赛"、"讲故事比赛"等形式进行主题活动的学习形式。主题活动式学习的有效保障是在吟诵、阅读的基础上进行充分积累。学生利用课前两分钟吟诵、了解竹诗；在语文课上结合相关的古诗及课文内容，了解诗歌大意、品悟竹子的品格，通过诗词品读初步了解竹子的历史与文化。积累丰厚、水到渠成，开展"唱竹诗词"、"讲竹故事"的主题活动，学生在趣味活动中，吟竹诗、悟竹德。

◆ 案例3-4

教师在《吟竹诗——竹韵悠悠》一课中，将教学目标设定为：

1. 知识与技能：积累有关竹子的诗歌，初步了解竹诗的特点，欣赏竹诗。

2. 过程与方法：通过欣赏、吟诵、主题活动等方法，吟诵喜爱的竹诗，积累知识。

3. 情感态度与价值观：了解竹诗历来被仁人志士赞咏，寄托自己的情感，以竹明志。

教师设计的实施过程，如下：

教学环节	教师活动	学生活动	设计意图
活动准备	活动准备阶段： 1. 收集竹诗。 2. 课前两分钟吟诵竹诗。 3. 讲解诗歌的大概意思。 4. 拓展，自己写一首关于竹子的小诗。	1. 吟诵竹诗，了解大意。 2. 同桌、小组互相吟诵、背诵。	为活动做好充分准备。
主题活动：诵竹诗	板块一：准备若干首竹诗。 板块二：吟诵竹诗，字正腔圆，有韵味。 板块三：竞猜：竹诗知多少。 板块四：创作展示。	1. 准备活动。 2. 展示活动：独诵、对诵、吟唱等多种形式。	积累竹诗。
评一评	评选标准： 1. 字正腔圆有韵味。 2. 比一比谁背得最多。 3. 创作押韵、有内容。	奖励者领取奖品。	激发学生背诵竹诗的热情。
结束语	1. 教师读《养竹记》，悟竹德。 2. 竹子有"四德"：竹本固、竹性直、竹心空、竹节贞。	学习竹子的品德，做坚定不移、正直无私、虚怀若谷、坚贞不屈的人。	争做具有竹子品格的人。

五、游戏式学习

游戏式学习是巧妙运用竹竿，设计运用、益智类的游戏，发展学生的快速反应能力、行动敏捷能力；提高学生弹跳、奔跑等能力；培养学生判断能力和勇敢果断的品质的学习方法。在竹竿外面包上美观的贴纸，装饰一新，让它变成游戏中的器材。学生创作了丰富多彩的竹竿游戏，如：叫号竹竿、跳跃竹竿、穿过竹林、撑竿过河等。游戏可操作性强，体育课、体活课、课余时间，都能看到竹竿的身影，学生乐此不疲地进行竹竿游戏。

◆ **案例3-5**

教师在《竹竿小游戏》一课中，将教学目标设定为：

1. 知识与技能：了解竹子小游戏的方法和规则，学会玩该游戏。

2. 过程与方法：通过小组合作、全体参与等形式，学生积极参与竹竿小游戏，快乐玩耍。

3. 情感态度与价值观：了解竹子游戏，并通过竹竿小游戏，培养学生判断能力和勇敢、果断的品质。

教师设计的实施过程，如下：

教学环节	教师活动	学生活动	设计意图
学习"竹竿小游戏"	竹竿准备： 1. 装饰竹竿、贴上彩虹、条纹、方格等彩色贴纸，装饰一新。 2. 准备长短不一的竹竿若干。	学生自行选择贴纸，贴竹竿。	锻炼学生的动手能力。
游戏准备	1. 在场地上画圆圈。 2. 分组：人数相等，10—12人拉一圈。 3. 报数，队员记住自己的号。	1. 队员拉成一圈，记住自己的号。 2. 自己控制队形。	确保游戏正常进行。
游戏方法	教师宣布游戏方法： 1. 每组选一人，拿一根长竹竿站在圆的中间，由他任意叫一个号后，立即将扶着的竹竿松开跑走。 2. 被叫号的队员要迅速冲到圈内，将竹竿扶住，不让它倒地。 3. 如果竹竿倒地，他就要同叫号人互换，再进行游戏。	1. 学生认真倾听游戏规则。 2. 练习操作，熟能生巧。	明确游戏规则，按规则游戏。
游戏建议	1. 圆由小到大，不断提高。 2. 叫号要照顾到每个人，不能集中于少数人。 （活动过程中注意安全、不推搡、不拥挤）	1. 反应敏捷，边跑边思考叫哪位同学。 2. 各组之间比赛，以失败次数最少者为胜。	游戏中学生要勇敢果断，不怕失败。

（撰稿：邵秋英）

课程评价 —————————————————————

感受竹韵悠长

"猗猗绿竹",自古以来就有着不同寻常的中国传统文化含义。它具有柔中有刚、虚怀若谷、挺拔洒脱、正直清高等品质,被中国的文人墨客视为一种人格追求。我们的校本课程结合南翔地域特色,让孩子们以认识家乡绿竹为基点,在了解、探求、品悟这一系列过程中,确定"感受竹韵幽香,品味情韵悠长"的课程评价体系,孩子们在教师的引领下,对竹文化的内涵有更进一步的理解,对猗猗绿竹形成自己的情感认同。

一、评价内容

根据本节的课程目标,结合课堂中学生的学习情况、生活实践、探究创新、审美意识等方面的表现,我们确立了探识竹性、品悟竹韵、鉴赏竹艺、戏玩竹竿四个方面的主题探究模块,教师在探究活动中根据学生的学习反馈情况,评价始终伴随学习全程,学生在活动过程中感受家乡竹文化、感受幸福、感知竹文化的博大精深。

在评价过程中,针对学生的学习能力,我们制定了较为科学的、可操作的评价标准、设计积分表,学生在探究、合作、分享、展示等评价的维度下对本节主题的学习内容进行回顾、反思和总结,评价也伴随师生们课程学习的始终,成为学习经历的一部分。

二、评价维度

评价中关注课程开发的合理性、科学性、人文性;关注教师对课程的组织、设计、执行能力；更关注学生以"丰富知识、拓展见识、提升能力、内化心性"为目标，在课程体验中，拥有独特的见识和理解，自信表达、全情参与，从而成长为热爱家乡、志存高远的优秀学生。

1. 关注知识目标：以发现为线索，养成探索精神

基于小学生的阶段特征，对竹子的了解还存在"碎片化"。本课程在学生的学习过程中，孩子们要首先关注竹子的生物属性、生活属性。知晓竹子生长快、环境适应性强，并能说出几种特色的竹子。了解几种竹制品。认识竹乐器，欣赏竹乐曲。整个过程学生带着发现的眼光，在相应的指导下养成探索的欲望和精神。最后将"碎片化"变成"条理式"知识。

2. 关注能力目标：感受竹之品性，内化自身涵养

中国是"竹子文明"的国度，不论是竹子的自身还是其所象征的事物，都具有高尚的品格。在了解竹子的基础之上，学生应有进一步能力的提升，在认识逐步深入的指导下，对竹子的文学属性产生浓厚的兴趣。通过吟诵竹诗，学画竹子，阅读名人与竹的故事等方式了解"竹文化"和竹的"四种品格"。在竹游戏过程中培养反应能力，培养判断能力和勇敢果断的品质。在对竹乐器的欣赏中培养对竹乐的兴趣。从而将竹所蕴含的美好品质内化为自身涵养。

3. 关注情感目标：品味情韵悠长，传承意蕴绵延

相比于建筑、食物等具象的家乡代表，竹子背后所蕴含的情韵、意蕴更为深厚，它有着自己的美学属性，此外竹子是有骨气、有气节、坚贞的象征。学生在收获知识、拓展能力的基础上，对校园内的、古猗园的，以至各地的竹子产生情感上的认同，对于竹子的意蕴，能够继承和发扬。

三、评价方法

在主题探究的学习过程中，课程负责教师积极尝试积分制、小组式、赛事性、展示式等多种评价方式，对学生参与主题探究活动过程中的学习态度、合作精神、探究精神与学习能力、收获与反思进行适切的、科学的、全面的评价。

1. 积分制评价

在探究活动中,教师放手让学生自己去发现。学生在课程初始根据积分表格走进古猗园,在自我学习、感悟中尝试为自己获得积分。待课程结束,根据评定的积分,教师对学生这节课所掌握的知识一目了然、学生也能从积分表中获得自我满足感。

如在《知竹性——古猗园赏竹》的主题活动中,通过游览、观察等形式,鼓励学生通过"看一看、摸一摸、比一比、闻一闻"的方式探究古猗园竹子。探索古猗园中特色竹种知多少? 竹艺造景美在哪儿? 以及观察后发表感悟最喜欢的竹子及理由。

我们设计了如下积分表:

古猗园赏竹积分表

姓名		班级	
项目	收获		积分(老师评定)
特色竹子知多少			
竹艺美景大探秘			
我最喜欢的竹子			

2. 小组式评价

学生个人只能进行较为简单的探究,如果更为系统和深入的学习,就需要借助组织的力量。在课前,学生们自由组成 4 人小组,在调查研究的过程中,担任不同角色,知道竹子在生活中的各种功能。通过资料查阅、观察采访等方法,了解竹子给人类物质文明和精神文明带来的作用和影响。

如在《探竹能——生活中的竹》的主题活动之中,为了让学生体会竹子与日常生活产生的关联。教师课前给组织确定不同分工,1—2 名学生搜集生活中竹的存在,并做好记录。1 名学生通过网络扩大查询竹子在生活的广泛应用,可结合查询到的图片作介绍。1名学生担任组长作任务跟进与总结陈词。这种类似无领导小组的模式,学生们在课前有所准备,相应地在课堂中也会自信展示,这样的课不再是老师一人组织,而是班级分成不同的小组织,学生将竹在衣、食、住、行方面的探究更为清晰、明了,再跟随老师的串联与总结,整个课程学习生动活泼、井然有序。

3. 赛事性评价

我们的校本课程崇尚发挥个性、趣味丰富,传统知识类的考试已经不适用于当今的教学过程,我们所提倡的赛事性评价在传统模式下有所创新,提倡给孩子们自由发挥的空间,在趣味的竞争中习得竹文化。

如在《展竹艺——国画中的竹》探究学习中,我们拟定了"我也尝试画画竹"的评价内容。先由专业老师指导步骤:1)画竹竿;2)添画竹竿与竹枝(枝干老根画法、小枝出枝法、主干新枝组合法);3)描绘竹叶(三笔结分字、单组叠加、多组叠加、嫩叶新篁);4)丰富画面。学生边观察边尝试边画画。教师在过程中随机指导:画竹竿,笔肚蘸淡墨,笔尖蘸浓墨;用毛笔画竹子时,所有的用笔都是从下往上挑,这样才能画出竹子的生长感。在画竹比赛中提高认真程度,孩子们的画作由老师指导,学生自我评价,选出最有特点的画作、最具创意的画作、最有模仿力的画作等。这一评价内容不仅传授了画技,更强化了对学生的情感教育,增强了学生对家乡的归属感、自豪感、认同感和建设家乡的责任感。

4. 展示式评价

学生的内在能量总能在老师和同伴的鼓励之下,发挥出最大的能力,激发出最大的潜能,教师要善于发现并挖掘其优势,给学生创设自我展示的舞台,使其获得自信与成功的体验,激励其不断进步。猗猗绿竹课程内容可以通过吟诵等方式,让学生们在诵读中感悟加深,进行展示式评价是一个不错的选择。

如在《吟竹诗——竹韵悠悠》学习之中,创设一些情境进行独诵、对诵、吟唱等多种形式。在相互欣赏和评析中为每位学生提供参与活动的机会和进行展示的舞台,使活动充满生命力。学习竹子的品德,做坚定不移、正直无私、虚怀若谷、坚贞不屈的人,做具有竹子品格的猗小人。

当然,猗猗绿竹课程评价的特色还在于评价主体在游戏过程中互相接纳,接纳来自游戏的挑战,同伴的认同。在《竹竿小游戏》这节课中,学生们了解竹子小游戏的游戏方法和规则,学生会玩游戏。通过小组合作、全体参与等形式,学生积极参与竹竿小游戏,快乐玩耍。了解竹子游戏,并通过竹子小游戏,培养学生判断能力和勇敢、果断的品质。

(撰稿:王敏)

第4章 在"一即多"的视域中

秉承课程价值的原点性,我们以儿童的直接经验、需要和动机、兴趣及心理特征为原点,以走进南翔老街、参观南翔历史文化陈列馆的经历为主,倡导学生主动参与、乐于探究、勤于动手,让学生玩转属于自己的世界。我们力求让学习空间变得更自由,采取寓教于乐的学习方式,让每一个孩子尽显自我本色,让学生在学习中产生心灵的交流、思想的碰撞。

✤ **文化坐标**
老街文化的记忆

✤ **学程设计**
老街文化知多少

✤ **课程实施**
徜徉于老街文化

✤ **课程评价**
体验古朴和传承文化的时光之旅

文化坐标 —————————————————————————

老街文化的记忆

　　老街，曾是很多人回味童年的地方，也是找寻美好记忆的地方。它印证了城市的变迁，散发着别样的情怀。江南老街自古出名，绵长的小桥流水，古典雅致的建筑，幽静的弄堂街道……老街给人们的印象总是那么的诗情画意。南翔是中国历史文化名镇之一，有着 1 500 多年历史的老街更是吸引着四面八方的游客。给人留下许多美好的回忆。

一、老街与地理

　　南翔有美丽的传说。相传梁代天监年间有一老农，耕地时挖出一块大石头，此石露出地面后，有一对白鹤时而于其上空盘旋，时而在石上歇息。这时一名叫德齐的和尚从这里经过，他认为此处是吉祥之地，决定在这里建造一座佛寺。从此每天那对白鹤飞向哪里，哪里的百姓就来捐款献物，用以备料兴工。佛寺落成的那天，那对白鹤驮着德齐和尚朝南飞走了，为纪念这对白鹤与德齐和尚，寺便取名"白鹤南翔寺"，镇名"槎溪"逐渐被"南翔"所取代。

　　南翔有得天独厚的地理环境。南翔位于上海市中心的西北，嘉定区的东南，是进入上海市区的北大门，历来为交通要道军事要冲。至清末民初，全镇东西长 3 公里，南北 2.5 公里，大街 12 条，小弄 41 条，形成密如蛛网的街巷体系，河道向四外延伸，水路发达，交通方便。随着时代的变迁，南翔的地理环境更显示出它的独特性。它紧靠外环线,嘉闵高架、沪嘉高速、各种公路、轨道交通 11 号线、华东地区最大的铁路编组站等组成了四通八达的交通网络,加上发达的水路,使其快速连动城市中心和长江三角区。

南翔老街位于镇中心区域,新中国成立后,历届南翔政府对南翔老街精心规划,使布局更加合理。现在的老街内有人民街、共和街、解放街和胜利街,主要有梁代云翔寺、五代砖塔、萧梁古井、明代檀园、明清古桥、老字号一条街和传统民居生活区等。真可谓:梦萦江南"赛苏州"。

老街 1

老街 2

二、老街与生活

根,深扎于记忆中。伴随着南翔寺的"跨越式"发展,其附近聚落也渐呈繁荣之象。宋元时,南翔商业已为全县之冠。至明清时,经济更为发达,徽商云集,资金多达白银数十万两,成为江南一大棉布贸易中心,是嘉定县南部的经济中心,素有"银南翔"和"赛苏州"之美誉。至今,在南翔老街我们可以直观地观赏到清末民初时期银南翔历史、商贸、文化的缩影。可以说，南翔老街是江南老街乃至全国老街的精华和历史文化缩影。

路，延伸在墙灯下。1 500多年来，南翔老街沿河而建，临河人家枕河而居。古镇、古街、古宅以及所洋溢的古风、古韵、古味融汇了一幅搁置千年却永不褪色的立体江南水乡画。古老散发着魅力的文化滋养了一代又一代的新老南翔人，使他们在文化中前行，领略古典韵味和现代功能相互交融的美。

南翔，宜居宜业的好地方。南翔镇在1961年就被评为全国爱国卫生先进镇，1991年被市政府列为"上海四大历史文化名镇"，2010年被评为"中国历史文化名镇"，2017年在全镇人民的努力下，成功创建全国文明城区。南翔镇"十三五"规划中明确指出，"到2020年，将南翔镇建设成为引领全嘉定的现代化新型城区、立足长三角的北虹桥商旅文融合示范区、享誉国内外的特色名镇"。在未来南翔的发展中，"老街"将继续发挥它得天独厚的优势，并赋予新的发展内涵。

老街3

老街4

三、老街与文化

从历史来看，南翔历来为交通要道军事要冲，战争给南翔人民带来了灾难，不少建筑被摧毁，但南翔人民意志坚不可摧，抗击倭寇、罗汉党起义、声援五四运动、支援抗日前线、迎接解放等一个个可歌可泣的故事,昭示着南翔人民英勇奋斗、艰苦创业的精神。

2008 年,南翔镇人民政府着手老街保护与改造,本着"整旧如故,以存其真"的原则,为真实地还原古镇原貌,将几十种管线埋设于地下,做到了天上看不见线,地上看不见管,基本恢复了老街清末民初"银南翔"的旧貌。从建筑来看,老街街河平行、商户对门、弹格铺路,依旧延续了老街由水路运输而形成的传统格局;从整体风貌看,依旧以砖木结构为主,屋顶多为"山"字形,飞檐翘角、粉墙黛瓦、长门短窗、小桥流水。

老街 5

老街 6

人民街上的大昌成、西复兴、宝康酱园、日华轩等百年老店向人们诉说着昨日的故事,走在古朴风韵的共和街上,置身于精雕细琢的古建筑中,让人疑似穿越到了明清时代。来到南翔老街,千万别忘记来一碗肥羊大面、品一笼玲珑剔透的小笼包,回去再带一罐罗汉菜、一瓶郁金香酒给家人品尝。淅沥的小雨,记忆中的弹格路,踩着水洼,鞋子溅起一地的水花,是否溅湿了你的眼眸,轻轻的脚步声是否唤醒了你的记忆。

一方水土一方人,一方乡境一方俗。发达的社会经济和文化不仅造就了富有地方特色的土特产,还形成了春节"新衣洁履、焚香燃烛",上元节举行灯会、"扛三姑娘"和"走三桥",农历七月十五祭祖吃馄饨,腊月二十三或二十四祭祀灶君等风俗。老街檐廊内有一幅"走三桥"全景图，形象生动地描绘了明清时期走三桥的南翔旧俗。龙舟竞渡是南翔的另一风俗，相传是为纪念爱国大诗人屈原而兴起的。南翔端午节赛龙舟，约始于明，盛于清。端午节前后三天，举行龙舟竞渡，因此，"太平竞渡"成了南翔十八景之一。

老街7　　　　　　　　　　　　　　　　　　　　老街8

南翔名人辈出，张姓、陆姓都是南翔的大族。其中，陆氏最有影响力的是陆廷灿，所著的《续茶经》、《南邨随笔》、《艺菊志》分别在《四库全书》收录或存目。当代国画大师陆俨少也是其后人，蜚声海内外。南翔历史上最有影响的文化名人李流芳，其祖先相传为明代开国功臣李善长之后，为"昆山三才子"、"嘉定四先生"、"画中九友"之一。沙船世家郁氏后人于光远（原名郁钟正）曾任中国科学院副院长，为中国经济体制改革和思想文化建设起了促进作用。曾担任南翔微音社《微音半月刊》主编的陆象贤，曾任中共江苏省委秘密出版机构上海《北社》社长，南翔惠民中学校长，中华人民共和国成立后，曾担任上海邮政工会主席、上海总工会常务委员、上海总工会调查研究室副主任、中国邮电工会全国委员会副主席、全国总工会中国工人运动史研究室副主任、全国政协文史资料研究委员会委员等职。

（撰稿：孟红艳）

学程设计 —————————————————————

老街文化知多少

一、课程图谱

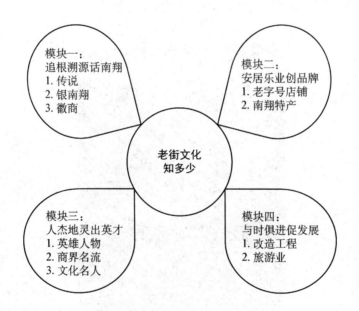

模块一：
追根溯源话南翔
1. 传说
2. 银南翔
3. 徽商

模块二：
安居乐业创品牌
1. 老字号店铺
2. 南翔特产

老街文化
知多少

模块三：
人杰地灵出英才
1. 英雄人物
2. 商界名流
3. 文化名人

模块四：
与时俱进促发展
1. 改造工程
2. 旅游业

二、课程目标

（一）了解"南翔"名字的由来；知道"银南翔"的美称徽商有着功不可没的作用，感受南翔悠久的文化底蕴。

（二）探寻老街昨日之辉煌、今日之发展及明日之憧憬，努力学习，立志为南翔明日的发展贡献自己的力量。

（三）知道南翔的特产及风俗；欣赏改造后的老街所散发的古韵与新彩，激发对家乡的自豪感。

三、课程内容

◈ 模块1　追根溯源话南翔

（一）南翔有着悠久的历史，生活、生长在南翔的你对它有哪些了解呢？

（二）"南翔"这个名字有个美丽的传说，你听说过吗？

老街9

（三）那么，"银南翔"又是怎么回事呢？

银南翔　宋元时期，南翔已成为大镇，成为江南一大土布贸易中心。至明清时期，经济更为繁荣。徽商云集，棉花及棉布的生产、加工和交易是当时的一大特色。至清康熙年间,更是四方商贾聚集,花、豆、米、麦等货物齐全,俨然为"东南一都会"。"银南翔"的得名有两重含义:一是棉花的颜色洁白如银;二是南翔镇的经济十分繁荣,仅次于罗店镇,罗店为"金",南翔为"银"。

(四)什么叫徽商?他们在南翔的发展史上起到了什么作用?

徽商 即徽州商人,他们对南翔商品经济的发展起着巨大的作用。徽州多山,人多地少,因此自古便形成了外出经商的传统。徽商把南翔的棉花、棉布销至各地,又把粮食、茶、盐、木材、南北货、药材等百货运到南翔,遂使南翔百业兴旺,构成了南翔商业集镇的街市。早从明代后期起,南翔已是徽商坐行天下的重要商都。李流芳、李元芳、李名芳家族的先人,也在万历前就从徽州定居于南翔了。贾而好儒的徽商,不仅以商品经济繁荣了南翔,而且也从文化上推动了本地的发展。

(五)课后作业:

1. 将"白鹤南翔"的传说、"银南翔"的由来说给家长听。

2. 带上相机去南翔老街陈列馆走走看看拍拍。

3. 了解南翔有哪些老字号店铺,了解南翔特产。

模块2 安居乐业创品牌

(一)知道什么是"品牌"?怎样才能创出品牌来?

(二)通过参观,你知道老街上有哪些老字号的品牌店?

老街10

老街11

（三）你能介绍其中一家吗？这些品牌店包罗了生活的哪些方面？想像当时人们的生活状况。

（四）知道南翔有哪些特产吗？你能选择一种说一说吗？

百年老店之一"协记绸布店"

"协记绸布店"是安徽泾县人胡子才于清咸丰十年（1860）创设的。绸布店开设在寺前街。寺前街是当时的一条主街，街面窄窄的，就在云翔寺的门前，是前来供佛烧香的人们必到之处。

百年老店之二"大昌成"

"大昌成"是人民街上门面最多的一家以食品为主、兼营杂货的店家，生意一直十分兴隆。它起先是一家南货店，后来不断扩展业务，经营南北货、草席、炒货、海味、杂货等，开拓了在碗上刻字的业务，还从事过镉盆、碗业务，逐渐形成自己"务实灵活"的经营风格，它制作的米花糖、雪饼、云片糕，因价廉物美深受大家的喜爱。

百年老店之三"宝康酱园"

"宝康酱园"创建于清光绪十二年（1886），由浙江巡抚廖寿丰和湖南巡抚王文韶合资开设。宽畅的房屋，漂亮的门面装修，店门前有一条河道，水上运输十分便利。该店年耗黄豆达到50吨，面粉4吨，采取自然发酵方法，反复暴晒，制成酱油。首创瓶装，商标注册为"龙凤牌"卫生酱油，批发业务遍及本县各乡镇及邻县。1937年八一三事变中毁于战火，两年后复业，但元气大伤，规模远不如前。1967年底，店铺撤销，改为"嘉定酿造二厂"。

南翔四大特产之一"南翔小笼"

南翔小笼制作技艺于清同治十年（1871）诞生，因馅料为秘制配方，制作技艺一直靠师徒之间薪火相传。清代同治十年（1871），南翔镇日华轩点心店店主黄明贤对大肉馒头采取"重馅薄皮，以大改小"的方法。他用不发酵的精面粉为皮，猪腿精肉手工剁成的馅料加上肉皮冻制作而成。光绪二十六年（1900），第二代传人吴翔升在上海城隍庙开设南翔小笼馒头店。后因战乱等因素，第三代、第四代传人流失无历史记载。1958年，古猗园重新恢复经营南翔小笼馒头，第五代传人封荣泉改良制作工艺，使南翔小笼重回普通百姓餐桌。1997年，李建刚成为第六代传人。2000年，他创制了该技艺的标准和规范，选料、配方、搅拌乃至揉面、擀面，每一道工序都有明确的标准。

南翔四大特产之二"肥羊大面"

肥羊大面乃南翔季节性名点,每年中秋节起上市,至农历十月天气寒冷停止供应。"肥羊大面"选用山羊肉加适量香料、冰糖及酱油、黄酒,用文火久煮,肉酥汁浓,略带甜味,不腥不腻,煮的面条不粗不细,润滑爽口。用羊肉原卤作面汤,每碗另加羊肉一碟,再加上一撮碧绿的大蒜叶,热腾腾香气扑鼻,令人垂涎。

(五)课后作业:

1. 将南翔的四大特产及其相关知识讲给家人听。

2. 参观南翔历史文化陈列馆,再次熟悉南翔老字号品牌店及其发挥的作用。

3. 通过实地考察,说说如今你看到的老街是怎样的?

模块 3　独树一帜出建筑

(一)南翔老街的建筑有什么特点?

(二)漫步于南翔老街,哪些别具特色的建筑吸引你的眼球呢? 选择其中的一个说给大家听。

老街 12

老街 13

老街 14

老街 15

木板门

和粉墙黛瓦一样，木板门体现了江南古典建筑清新淡雅、源于自然的特点，它的应用使建筑显得轻巧而富有灵气。历史上，木板门是传统店面的符号之一，职位由高及低，门依色而变，由木板门的漆色即能看出主人的身份与光景。如今的南翔老街上，一式的传统木作门面，沿街店铺是可以装卸的排门板，住家是黑油铁环板门，那成排的花格落地隔扇门扉，显出江南人的灵巧和风雅。

弹格石

古镇因质朴而显得厚重，老街因自然而富有韵味。那弯弯曲曲的街道有宽有窄，有高有低。其中，解放街和人民街街道地面铺设的是不规则的弹格石，由卵石、块石、条石铺砌而成，倒顺排列的竖砖构成简约的图案，镶在石板路旁，真实地还原了历史面貌，引发了人们对古巷的追忆。

飞檐

作为我国极具民族风韵的建筑结构飞檐，是古代能工巧匠们对屋檐的一种独特创造。南翔古镇的居、亭、台、楼、阁、殿、庙等建筑的屋顶四角翘伸，形如飞鸟展翅，精巧轻盈，活泼生动，通过檐部的这种特殊处理和创造，不仅巧妙地扩大了采光面、增强了排泄雨水化解雪霜能力，还使得建筑物产生了向上托举的神化动态飘逸气势，为古镇赋予了生命力。

（三）见过老街桥边的"八老亭"吗？了解"八老亭"的来历。

（四）你有夜游南翔老街的经历吗？见过月亮水桥与水色码头吗？

（五）课后作业：

1. 南翔老街街面铺地的材质、结构、图纹很丰富，猜猜你看到的图纹蕴含的意思。

2. 把你了解到的老街文化讲给家人听。

3. 老街的夜色别有一番味道，请带上你的家人一起去品味吧。

模块4　与时俱进促发展

自2008年起，开始了老街改造工程。修葺一新的老街焕发出新的光彩，迎接着四

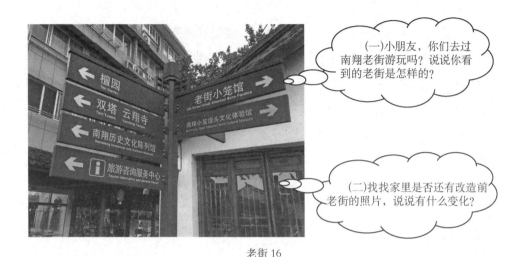

老街 16

方游客,老街又重现了热闹的景象,成为千年古镇南翔的一大旅游景点。而且这里的交通也十分便利,有轨道交通 11 号线、嘉闵高架、城际铁路等。

（三）课后作业：

1. 与家人一起重游老街,说说老街的过去与现在。

2. 请你绘制一张老街的旅游地图。

3. 请你当回向导,向游客介绍一下南翔老街。

资料链接：

随着时代的发展,老街渐渐冷落了。虽然破败,但还留存着历史的遗物。2008年起,南翔镇政府开始实施老街改造工程。邀请享有"古城保护神"美誉的阮仪三教授亲临南翔视察指导,委托同济规划院周俭院长、文物专家谭玉峰处长全程参与规划设计,由经验丰富的同济建筑系毕业生——土生土长的南翔人瞿德龙工程师负责具体施工,秉承"整旧如故,以存其真"的方针,对古街、古桥、古居等进行抢救性修复。

岁月沧桑,昔日的南翔,她的繁华与失意都成了历史的碎片,今天我们用现代艺术的双手找回了渐渐消逝的记忆。重现的街巷不再落寞萧条,古街上徜徉着欢笑的人群,老店新开,金字店招,伞篷旗幡,一派热闹景象。这也得益于镇上便利的交通。双休日、节假日,若来古镇南翔游玩,下了地铁站,便能看到公交汽车站。镇内的多路公交均直达老街。若要更接地气,便可骑上共享单车欣赏沿路风光,南翔可是近郊游的首选哦!

（撰稿：许爱芳）

 课程实施 ————————————————

徜徉于老街文化

南翔是上海西北角上的一个江南古镇,是上海四大历史文化名镇之一,享有中国历史文化名镇的美誉,而坐落于古镇中心区域的南翔老街是南翔历史文化的发源地。作为一所千年古镇上的学校,古猗小学拥有得天独厚的地域资源,因此古猗文化相关课程就应运而生。

本课程的学习区别于常规课堂中的学习,以走进南翔老街、参观南翔历史文化陈列馆的经历为主,倡导学生主动参与、乐于探究、勤于动手,培养学生收集和处理相关信息的能力,在探索过程中遇到问题时分析和解决的能力,以及在探究活动中与小伙伴交流与合作的能力等。

学习方式也区别于常规课堂中的学习方式,比如探究式、行走式、体验式、采风式……形式多样的学习方式寓教于乐,在学习过程中产生心灵的交流、思想的碰撞,可以进一步激发学生的学习积极性。

一、探究式学习

探究式学习指让学生以小组的形式参与有主题的项目,在小组中分工合作,研究问题,最后完成项目研究中的任务。首先,老师要制订探究活动计划(选择和确立主题、设计调查表、确定探究方法、人员分工等),然后按计划分组进行活动,最后进行成果展示。通过这样的学习方式,学会与人合作沟通,培养发现问题、解决问题的能力。

案例 4-1

如在《寻访古镇文化》中,教师将教学目标设计为:

1. 在寻访活动中进一步了解南翔古镇文化。

2. 在课内外的主题实践和合作探究中,感受古镇文化的魅力,产生热爱家乡的情感。

3. 在探究活动中增强合作、交流、沟通的能力。

教师设计的实施过程如下:

教学环节	教师活动	学生活动	设计意图
引入主题	以 PPT 呈现南翔老街风貌。	欣赏老街风貌。	把学生带入学习情境中。
"传说之奇"探究小组展示	教师帮助学生把探究过程中拍摄的照片做成 PPT。	1. 讲"白鹤南翔"的故事。 2. 将"南翔的传说"绘画比赛的优秀作品以 PPT 进行展示。	让学生进一步了解家乡的美丽传说和悠久的历史文化。
"遗迹之古"探究小组展示	教师帮助学生把探究过程中拍摄的照片做成 PPT。	1. 介绍五代砖塔历经岁月沧桑的故事。 2. 选择南翔历史文化陈列馆的模拟场景进行介绍。	让学生感知南翔的历史变迁,激起学生热爱家乡的情感。

续　表

教学环节	教师活动	学生活动	设计意图
"名人之杰"探究小组展示	1. PPT出示南翔的文化名人,让队员们猜一猜他们是谁? 各有什么成就? 2. 讲许苏民和许苏民学校的故事。	1. 猜名人,讲成就。 2. 探究小组选择代表性的名人(李流芳、陆俨少)讲述事迹。 3. 进行南翔名人诗词吟诵会。	让学生感受家乡丰厚的文化,并产生身为南翔人的自豪感。
"特产之誉"探究小组展示	让学生猜一猜南翔四大特产是什么?	1. 介绍南翔四大特产及其背后的文化。 2. 邀请小笼社团的队员展示自己的作品,说说对小笼文化的理解。	体会南翔人的勤劳、智慧。
评选"优秀探究小队"	出示评价表,组织学生对各小队的表现自评、互评。	根据要求完成自评、互评。	通过评价让学生对探究活动总结得失。

二、行走式学习

行走式学习是指学生在教师的指导下边走边学,通过行走的方式置身于学习对象中,学习与之相连的知识,从中获得领悟的一种学习方式。行走不是漫无目的的走马观花,在行走之前,教师要确定行走任务书,让学生带着任务在行走中找寻答案,让行走的经历成为学习的体验。在行走中,教师边走边对看到的景物、人物进行介绍。行走后,给学生搭设一个平台和空间,交流行走中的收获,提出问题,延伸课堂的长度。

案例 4-2

如在《赴汤蹈火保家园》中,教师将教学目标设计为:

1. 了解南翔人民英勇奋斗的感人故事,会讲一个南翔英雄的故事。

2. 在参观和交流的过程中,能从南翔英雄的壮举中感悟民族精神,产生爱国意识和社会责任意识,并落实在自己的学习生活中。

3. 在学习中提高搜集、选择和提炼信息的能力,在交流的过程中提高表达能力。

教师设计的实施过程,如下:

教学环节	教师活动	学生活动	设计意图
活动回放引主题	以 PPT 呈现南翔历史文化陈列馆的场景,回顾班级开展的参观活动。	学生观看。	把学生带入学习情境中。
走进南翔人民英勇奋斗史,感悟中华民族魂	1. 课前带领学生参观"南翔历史文化陈列馆"并制作 PPT。 2. 组织学生讲故事。 3. 深情讲述:一代巾帼陈君起的故事。	1. 学生搜集南翔英雄的故事,至少会讲一个英雄的故事。(抗击倭寇、罗汉党起义、声援五四运动、支援抗日前线、迎接解放……) 2. 在音乐声中吟唱抗战歌曲。	让学生在一个个可歌可泣的故事中感受南翔人民坚不可摧、英勇奋斗的爱国精神。
民族精神我弘扬	引导学生讨论: 1. 从英雄们身上你感受到了什么? 2. 在和平年代的今天,如何向南翔英雄学习?	学生讨论后交流:向英雄学习,必须把爱国之心、报国之情落实在自己日常的学习生活中。	通过讨论进一步提升"从我做起,立志振兴中华"的责任感。
活动延伸	布置学生给低年级小朋友讲南翔英雄的故事。	选择一个自己最感动的故事讲给低年级小朋友听。	关爱低年级学生,激发热爱南翔的情感。

三、参与式学习

参与式学习指的是学习者基于自身对知识的爱好,或自身成长中的困惑,而主动发起或者参与相关的求知的过程,这个过程可能是小范围的个人研究,也可能是集体的活动,在学习中完善自我,消除困惑。参与式学习,因为全身心投入,从而使得学习效率得以大幅度提升。

❖ 案例 4-3

如在《游古镇,乐体验》中,教师将教学目标设计为:

1. 在实践体验活动中初步了解"老街风貌"。

2. 在评选"人气美食"、最佳摄影作品和征文的活动中，进一步感受古镇文化。

3. 在动手制作具有中国民族文化特色的工艺品的过程中，感受中国民族文化的多姿多彩。

教师设计的实施过程如下：

教学环节	教师活动	学生活动	设计意图
"老街风貌"大家谈	课前组织学生游古镇，让学生特别关注老街风貌。课上组织交流。（街河平行、商户对门、弹格铺路、砖木结构、飞檐翘角、小桥流水……）	学生交流自己关注到的老街风貌。	了解古镇，感受古镇的建筑风格。
评选"古镇人气美食"	课前让学生在每人10元人民币的范围内品尝古镇美食，学记消费账单。课上组织交流。	1. 介绍自己最喜欢的美食。 2. 展示消费账单。	让学生学会合理消费，会统筹安排自己的钱物，不盲目消费、不浪费。
动员学生参与校园"古镇摄影展"投票	课前组织学生游古镇时拍摄照片，参加校园摄影比赛。课上欣赏参评摄影作品。	1. 欣赏参评摄影作品。 2. 参与评选。	在参与"古镇摄影展"投票的同时，进一步感受古镇文化。
欣赏"小美南翔"优秀征文	课前指导学生完成"小美南翔"的征文。课上朗读、欣赏优秀征文。	朗读、欣赏优秀征文，发表自己的感想。	把游古镇的体验活动与语文学科教学相结合。
制作具有中国民族文化特色的工艺品	把学生分成若干个小组，在家长义工的协助下，教学生剪纸、盘扣、编中国结、学刺十字绣、学做兔子灯（合作完成）。	分组学做工艺品。	学生在动手制作中将古镇风俗活动进行延续，感受中国民族文化的多姿多彩。
布置作业	把未完成的工艺品利用课余时间完成，并与同伴、家长分享工艺品的制作经历。	课后完成工艺品的制作。	既享受完成作品的成就感，又对古镇文化加深了解。

四、采风式学习

采风，原是指对民情风俗的采集，这里特指让学生深入南翔老街其文化。如《南翔在腾飞》一课,带领参观南翔历史文化陈列馆,实地考察百年老店"大昌成",采访退休老店员和爷爷奶奶当年在"大昌成"购物的经历,让学生乘坐南翔公交 1—6 路,在领略沿途风光中感受家乡的崭新面貌。因地制宜,通过采风式学习,激发学生把热爱家乡的情感化为勤奋学习、为家乡发展尽力的实际行动。

❖ 案例 4-4

如在《南翔在腾飞》中,教师将教学目标设计为:

1. 通过民间采风、实地考察等方式了解南翔老街的发展演变,从老街的发展演变中看家乡的变化。

2. 从老街的变化、家乡的变化中感受现在生活的幸福,并树立感恩惜福的意识。

3. 把热爱家乡的情感化为勤奋学习、为家乡发展尽力的实际行动。

教师设计的实施过程,如下:

教学环节	教师活动	学生活动	设计意图
穿越时光,走进老街(南翔老街从宋元到明清的发展演变)	课前布置学生通过网络、到南翔历史文化陈列馆参观等方式了解老街的发展演变。课上组织交流。	上台交流自己了解到的老街的发展演变。	通过自主探究了解老街的变化,并对"银南翔"和"赛苏州"之美誉产生自豪感。
初步了解 2008 年老街的改造	课前布置学生通过民间采风、观看图片资料等方式收集老街改造的资料。课上组织交流。	学生通过图片展示,介绍老街改造。	通过学生的自主探究,了解老街的改造,其中也反映了政府对古镇历史文化的保护政策。
感受南翔百年老店"大昌成"的变迁,寻访南翔古镇的商业发展史	课前组织学生实地考察百年老店"大昌成",拍摄采访退休老店员和爷爷奶奶当年在"大昌成"购物的视频。课上组织交流。	观看视频,交流"大昌成"的兴衰。	通过学生实地考察和观看视频,了解百年老店的兴衰。
"乘上公交看家乡"	课前组织学生分成小队乘南翔公交 1—6 路,领略沿途风光,感受家乡的崭新面貌。课上组织交流。	交流"乘上公交看家乡"所见的家乡风貌及感受。	通过乘车看家乡,让学生真切地感受到南翔一年比一年好,年年有新变化。

续　表

教学环节	教师活动	学生活动	设计意图
我为南翔发展尽份力。	南翔的发展，离不开每一个南翔人的努力。指导小组讨论：我能为南翔的发展做点什么。	小组讨论后交流：我能为南翔的发展做点什么。	让队员们在各抒己见中树立小主人翁的意识，把热爱家乡落实到行动上。

（撰稿：孙华芳）

 课程评价

体验古朴和传承文化的时光之旅

拥有1500多年历史的南翔老街是古镇南翔的历史缩影和文化沉淀。学校古猗文化校本课程中的"南翔老街"专题，结合校本课程特色和课程实施，构建"学习过程即古朴文化的传承和积淀"的评价体系，将老街的历史文化传承与学生学习活动进行整合，充分挖掘古镇老街的文化底蕴，结合校内外课程资源，帮助学生在学习活动中了解南翔的历史文化，培养学生对南翔的热爱之情；促进学生在探究活动中构建思辨体系，培养学生主动学习、自主体验的习惯。

一、评价内容

秉承"南翔老街文化"的学习脉络，根据学程设计的课程目标以及课程实施的方式，结合学生的认知水平、学习和生活实践、探索式学习的需要，我们确立了"追根溯源话南翔、安居乐业创品牌、人杰地灵出英才、与时俱进谋发展"四个方面的主题探究模块。教师根据学生的学习表现、探究活动，及时进行评价，帮助学生及时调整学习活动，通过评价促进学生自主学习能力的提升，帮助学生增强情感体验。

在课程实施的过程，教师将预设学生的活动情况，制定适时、可操作的评价标准，为学生的反思和总结提供支架，让评价成为提高探索能力、提升学习乐趣的有效工具。

二、评价维度

课程评价中关注课程开发的人文性、历史性、传承性；关注课程设计的合理性、科学性、前瞻性；更关注学生人文素养、知识素养、探究欲望、爱好特长等培养目标的达成，促进学生学会学习、热爱南翔，成为具有主人翁意识的猗小学生。

（一）以知识目标为基本：关注老街文化的了解和积淀

以"老街与地理、老街与生活、老街与文化"三大课程系列，学生围绕"南翔老街的古朴历史文化"这一主题，进行探究学习、自主实践。鼓励学生将探索南翔老街历史文化的学习成果，和已有的学科知识相互融合，以扩大原有知识的内涵和外延，最终实现不同学习方式、不同学科课程的相互整合，达到综合学习的目的。

（二）以能力目标为支撑：关注多样式学习，促进学生学习能力的养成

随着信息科技日新月异地飞速发展，"快餐文化"也冲击着学生的学习行为。学生在进行学习和调查研究时，为了贪图省力快捷，常常借助网络获取资料信息，毫不思考，直接照搬照抄，足不出户就"纸上谈兵"。

本课程的学习打破常规课堂中的学习对于学生的禁锢，以走进南翔老街、参观南翔历史文化陈列馆的经历为主，倡导学生主动参与、乐于探究、勤于动手，培养学生收集和处理相关信息的能力。在探索过程中与小伙伴进行交流与合作，不再受制于网络和媒体，遇到问题时学会分析和应变。

学习方式也推陈出新，基于古猗文化的校本课程具有很强的地域性，学生只有亲身经历、实地调查走访，才能真正认识、利用具体可感的乡土资源，发现问题，激发学习兴趣。比如探究式、行走式、体验式、综合式……形式多样的学习方式寓教于乐，让学

生在学习中产生心灵的交流、思想的碰撞，极大地激发了学生的学习积极性。

（三）以情感目标为核心：关注学生传承古朴文化，建立积极的情感体验

南翔老街的课程学习区别于常态化的课堂学习，在课程设置和内容的选择上，着眼于培养学生了解南翔老街的文化，进而激发热爱南翔的情感、态度和价值观。课程评价更注重学生在了解南翔老街的地理、历史、人文等过程中所表现的情感、态度、价值观等，关注学生是否主动探索南翔历史文化，积极吸纳进而传承、建设美好南翔的情感。

三、评价方法

在主题探究的学习过程中，教师本着公平、自主、鼓励的原则，积极尝试嵌入式、分享式、展示式、众筹式等多种评价方式，对学生参与主题探究活动过程中的学习态度、学习能力、合作精神、反思能力进行适切的、科学的、全面的评价。

（一）嵌入式评价

在探究活动中，教师可以不必拘泥于评价的过程和阶段，关注学生的学习，抓住生成性的学程情况，进行有效的适时评价、即时评价，以此把课程学习推向高潮。

如在《赴汤蹈火保家园》的主题活动中，教师以 PPT 的形式呈现南翔历史文化陈列馆的场景，回顾班级开展的参观活动，把学生带入学习情境中。在学生有了一定的学习体验后，带领学生参观"南翔历史文化陈列馆"，组织学生深情讲述《一代巾帼陈君起》的故事。学生可以自由选择"抗击倭寇、罗汉党起义、声援五四运动、支援抗日前线、迎接解放……"中某一个片段，声情并茂地进行故事的讲述。在此过程中，需要教师进行及时的反馈和评价，渲染气氛，帮助学生进行情感的升华，深化学习的主题，在学生情感达到共鸣时，在音乐声中吟唱抗战歌曲。让学生在一个个可歌可泣的故事中感受南翔人民坚不可摧、英勇奋斗的爱国精神。

（二）分享式评价

南翔老街的课程学习很大程度上是团队合作的探索学习，因此，分享学习内容和学习成果也是课程学习的重要组成部分。教师可以借助学习任务单的形式进行学程

分享,组织学生展开交流活动,同时完成分享式评价单。

如在《南翔在腾飞》的主题活动中,为了让学生通过自主探究,初步了解 2008 年老街的改造,教师在课前布置学生以小组为单位,通过民间采风、观看图片资料等方式收集老街改造的资料,并在课上组织交流。学生分成不同的小组,收集资料,在课堂时进行图片(照片)展示,介绍老街的改造并反映出政府对古镇历史文化的保护政策。由于每一小组成员的分工不同,收集资料的方式和渠道都各有妙招,所以图片和资料在展示的过程中都"大放异彩"。教师不仅要及时进行反馈和点评,更要鼓励学生去发掘别人的探索方法和思辨角度,进行组内互评,组外分享。

表 4-1　南翔老街文化分享式学习评价表

班级:　　　姓名:　　　　组别:

活动主题:			评价对象:	
学习成果:	图片_____照片_____文字说明_____(打√)			
评价		闪光点	不足	建议
评定星级 ☆☆☆☆☆				

注:"五星":很完美,向你学习;"四星":你很棒,很努力;"三星":你很努力,需要改进;"二星":及时改进,争取摘星;"一星":为你加油,下次迎头赶上。

(三) 展示式评价

学生在学习过程中是不断思考、探索、实践的,每一个环节都是学习过程的展示。教师不仅要根据学生的最近发展区为学生搭建展示的舞台,更要善于抓住教育的契机,把握学生在学习过程中能力的发展,并挖掘其潜力和优势,毫不吝啬地给予肯定和鼓励,使其不断提升自我效能感,获得自信与成功的体验。由于南翔老街文化课程的形式丰富多彩,可以根据活动环节,进行展示性评价。

如在《寻访古镇文化》的课程学习中,每一个环节都有不同的学习小组承担不同的学习任务,每一个小组都有展示的机会,如"传说之奇"探究小组负责讲述"白鹤南翔"

的故事，让更多的队员进一步了解家乡的美丽传说和悠久的历史；"遗迹之古"探究小组介绍五代砖塔历经岁月沧桑，选择南翔历史文化陈列馆的模拟场景进行介绍，让学生感受中华民族优秀传统文化的魅力，为家乡丰厚的文化产生自豪感；"古居或建筑"探究小组理解南翔老街的古居风貌，欣赏特色建筑，进行一次"穿越时光"的老街之旅；"特产之誉"探究小组介绍南翔四大特产及其背后的文化，邀请小笼社团的队员展示自己的作品，说说对小笼文化的理解，体会南翔人们的勤劳、智慧。

在四个学习小组展示之后，"优秀探究小队"出示评价表，组织学生对各小队所展示的方式和内容进行自评、互评，学会发现他人的闪光点，扬长避短。

表4-2　南翔老街文化小组学习之展示性评价表

组别	主要任务	展示的方式和内容	制胜法宝（最吸引你的地方）	意见和建议	总评
"传说之奇"探究小组					☆☆☆☆☆
"遗迹之古"探究小组					☆☆☆☆☆
"古居或建筑"探究小组					☆☆☆☆☆
"特产之誉"探究小组					☆☆☆☆☆

注：总评一栏"五星"：很完美，向你们学习；"四星"：你们很棒；"三星"：你们很努力；"二星"：你们还需要改进；"一星"：为你们加油，下次迎头赶上。

（四）档案性评价

南翔老街文化课程评价的特色就在于评价主体的地方性、多元化，评价体系的延续性、发展性。除了教师评，学生自评、互评，家长评价外，课程评价的主体还包括南翔老街各个纪念馆、博物馆的工作人员和相关专家等。所有的评价主体都是伴随着学生的成长，目睹学生的发展历程。

南翔老街文化课程当中每一章节都有不同的学习活动，每一次学习活动必须分成相应的环节，"评价员"们一起帮助学校确定评价方案，一起参与评价，一起分享评价结果，建立起学生的"成长档案"。这样的课程评价不是孤立的，阶段性的，而是延续的，传承的。无论是学生、教师，都要以发展的眼光看问题，从更专业的角度来获得经验、指导，并积极进行反思、调整。

　　以《南翔在腾飞》一课为例,这一板块的课程学习就采用了多种学习方式,分成不同的学习阶段:参观南翔历史文化陈列馆,民间采风、观看图片资料等方式收集老街改造的资料,实地考察百年老店"大昌成",采访退休老店员和爷爷奶奶当年在"大昌成"购物的经历,学生乘南翔公交 1—5 路的体验,在领略沿途风光中感受家乡的崭新面貌等。每一个学习环节都是不可隔离的,层层递进,环环相扣,在实施课程评价的时候,不可孤立任何一个学习阶段,要在学生原有的学习认知和学习活动的基础上进行记录和评价。

表 4 - 3　南翔老街文化探索学习成长记录卡　编号_____

班级:　　　　姓名:　　　　　组别:

主题名称			
活动时间		活动地点	
活动目的			
学习成果			
评价	优势		不足
自我评定			
组员互评			
专家评价			
指导老师评价			
评定星级　☆☆☆☆☆			

　　学生学习活动的成长记录卡,既包括学生不同学习阶段、不同课题的研究成果或代表性作品,也要反映学习过程中的优势和不足。这种评价模式是一脉相承的完整体系,将学生在课程内的学习情况,有目的地进行评价,形成学生在这一阶段中所作出的努力、进步情况、学业成绩方面的结论。针对这些资料的分析,教师就能够对小组的学习情况和取得的成绩进行整体的评价,为课程设计和调整提供强有力的保证和依据。

（撰稿：蔡冰夏）

第5章 用"有限"驾驭"无限"

学生是课程参与的主体,课程是学生成长的跑道。实践是课程最美的语言。实践主题的提出、围绕主题的扩展研究,有利于学生学会如何在团队的协作下,从头到尾地解决一个问题,在团队中各司其职,忠于职守,互相配合。实践形成知识类学习和实践类学习的融合、静态式学习和活动式学习的兼容。让课程引领学生在"文中学",在"做中学",让实践和体验成为一份丰富的课程资源。

✤ **文化坐标**
  古镇桥梁,源远流长

✤ **学程设计**
  走进小桥、流水与人家

✤ **课程实施**
  行走在南翔石桥上

✤ **课程评价**
  一个知情意行的学习旅程

文化坐标 ────────────────────────────────

古镇桥梁，源远流长

在南翔镇的建筑中，桥梁是一个重要的组成部分。南翔地区河道纵横交叉，桥梁较多，清光绪三十一年（1905）前大多是木桥或拱形台阶石桥，随着人力车（黄包车）、铁轮老虎车、榻车相继出现，桥头逐渐被填高，石级也被取消。机动车增加后，路面随之拓宽，这些桥又普遍改为钢筋水泥结构。其中，比较出名的古桥有天恩桥、太平桥、报济桥、仙槎桥、金黄桥等。

一、历史与文化

南翔是水乡，河道纵横，早先就有石桥 70 座，是名副其实的"桥乡"。

天恩桥，位于南翔镇西部，横跨在横沥河之上，是嘉定区境内现存的最长最高的桥，也是上海地区著名的大型石桥。桥离地面高 5.5 米，有着三孔拱形台阶，东边的台阶 32 级，西边的台阶 35 级，中间的孔宽 10 米，两边的孔各自宽 6 米。桥南北两侧的栏柱刻有楹联，南侧刻着"云陈龙飞高凌百尺，波间虹卧彩耀三槎"。北侧刻着"行看桂子月中落，定是仙槎海上来"。天恩桥最早建造的年代无法考证，后人只知道在清朝的顺治年间（1644—1661），当地人孝竹、陈尚之等重建了天恩桥，同治十三年（1874）再次重建，这次重建的石桥保留到了现在。南翔解放前夕，天恩桥遭到国民党军飞机的轰炸，桥面受到损坏。1951 年 10 月，县政府进行了修复。天恩桥有"嘉定第一桥"的美誉，就连古代的文人也为它的美所折服，清代诗人吕王辅为它写了一首《天恩赏月诗》：

天恩桥

不是垂虹锁巨川,半湾脚底涌婵娟。

置身直拟浮槎客,抚景宁追掷仗仙。

色冷印残千里迹,影低画破一溪烟。

未邀好酒丹阳尹,莫野风光笑独专。

报济桥,俗称香花桥,称得上是建造历史最早的石桥。报济桥建造于宋朝景祐四年(1037),横跨在走马塘上,位于"云翔寺"前。南翔的香花桥有两座,其中一座是镇中

报济桥

心的报济桥，另一座是"万安寺"前的香花桥，后来随着"万安寺"的逐渐衰败，香花桥就渐渐被人们忘怀了。

太平桥，俗称大八字桥，位于镇中心，结构峻伟。在镇中心与西边的隆兴桥和东边的吉利桥形成"八"字，是卖鱼卖肉的小商贩聚集之地，因此，清晨的太平桥最热闹。桥的栏杆上刻着《重建太平桥记》石碑说，明弘治十八年（1505），当地人徐恂重建了该桥，清乾隆三十二年（1767）再次重修。

太平桥

仙槎桥，建于元至正十一年（1351），俗称"仙石桥"，横跨在横沥河上，位于沪宜公路、劳动街和生产街的交接处。清代诗人吕王辅就在《博望仙槎》中这样赞美仙槎桥：

博望虚乘奉使槎，犹遗存迹寄天涯。

南通潮汐连三泖，北琐烟花接万家。

风紧游鱼穿细荇，月明归雁点平沙。

客星牛女今何在？难问溪边芦荻花。

金黄桥，位于南翔老街景区内，连接共和街与生产街，建于明朝嘉靖七年（1528），清朝乾隆二十二年（1757）重修，旧址在镇北，后来迁到了南翔老街景区内，连接着共和街与生产街。

仙槎桥

金黄桥

二、造型与特色

南翔古桥最初大多是由石料和木料建造而成,并且拱桥居多,近代修葺古桥时,部分桥梁就变为了钢筋水泥桥。

南翔镇著名的古桥天恩桥是三孔石拱桥。

报济桥也是石拱桥，在元朝、清朝都修葺过，1953 年又拓宽桥面，改成钢筋水泥结构，至今已有近千年的历史。

太平桥在一二八抗战中遭日机炸毁，后经当地人募款重建成拱形水泥桥。

仙槎桥原来是拱形石桥，在八一三抗战中被炸毁，后来在南侧沪宜公路上建造了木桥，仍命名为仙槎桥，1953 年改建成钢筋水泥公路桥。

三、习俗与传说

天恩桥——传说，古代有位勤劳善良的石匠，为了便于人们出行，决定在横沥河上靠近真圣堂庵附近的地方造一座石桥。他的行动感动了上天的神仙，获天上神仙的帮助，石桥造成后命名为"天恩桥"，以示感谢天恩。

报济桥——民间传说南翔是"龙镇"，有"香花桥"俗称的报济桥就是南翔的"龙鼻"，也是早先到南翔烧香客的必经之路。佛经里有"以香花供养一切佛经"的说法，因而许多地方的佛寺前都有香花桥。

太平桥——八一三前，这里也是南翔著名的民俗节日"太平竞渡"的场所；每年端午前后，南翔镇各商号分置各种龙船；其中有东市的青龙和乌龙、西市的绿龙、南市的黄龙、北市的紫金龙以及中市的白龙，这一天要在八字桥水域进行龙船赛。清朝的吕王辅曾经在《太平竞渡》一诗中赞美道："万户嚣尘水一泓，惊闻金鼓忽齐鸣。玉虹四绕星旗转，画鹢重围龙箭轻。手捧蒲殇看泛泛，鬓簪艾草望盈盈。汨罗独配成千古，何用弹丸吊太平。"每到端午，这里百舟尽发，奋楫勇搏，岸上鼓乐震天，彩旗招展，真是热闹非凡。八一三抗战中，因为龙船烧毁，这一传统节日活动也就停止了。

仙槎桥——民间流传着一则爱情故事，河东河西住着两户人家，河东的张家富裕，生了个男娃，河西的孙家家贫，生了个女娃。两人隔岸相望，日久生情。最后，仙女帮助他们架起了仙槎桥，两人才有机会见面，终成眷属。

金黄桥——在金黄桥的西桥头有座八老亭，明朝正德、嘉靖年间，南翔有个"八老会"，老人们经常在一起饮酒娱乐，欢度晚年。

勤劳智慧的南翔人修建了数座桥梁,这些桥梁便利了交通,促进了南翔的经济发展,也装点了南翔镇,成为南翔古镇文明的标志之一。

(撰稿:单海平)

 学程设计 ──────────────────────────────

走近小桥、流水、人家

南翔古称"槎溪",因境内有上、中、下三条槎浦。南翔亦是水乡,河道纵横,旧时有石桥 70 座,是名副其实的"桥乡"。位于南翔镇"十字港"水面上的桥梁,有太平桥、隆兴桥与吉利桥。建造较晚的桥有:泰康桥、金黄桥、仙槎桥、德泽桥等。有"嘉定第一桥"美誉的天恩桥,位于南翔镇西,横跨横沥河,为三孔石拱桥。围绕南翔的天恩桥、八字桥、仙槎桥、报济桥这四座历史古桥,我校设计了"小桥、流水、人家"之课程。

一、课程图谱

嘉定第一桥──寻访天恩桥	廊亭相会──仙槎桥
1. 大桥地理位置、建造时间、名字由来。 2. 保护古桥。 3. 石桥的楹联诗词。 4. 石桥的历史典故。	1. "仙槎"由来。 2. 石桥益处。 3. 了解有关桥的故事。
民间习俗──新年走三桥	龙穴探秘──报济桥
1. "八字桥"的由来。 2. "新年走三桥"的意义。 3. 了解民间习俗。	1. 报济桥的变革与变化。 2. 报济桥地饰及寓意。 3. 心中的桥。

二、课程目标

1. 江南水乡多桥，南翔也是多桥之镇，了解南翔的历史，利用节假日走近古桥感受南翔历史的博大精深。

2. 探寻天恩桥，到古桥所在地观古桥、拍古桥、画古桥，初步了解天恩桥的造型、建造年代、功用等，感受桥的形态之美、构建之美。

3. 搜寻仙槎桥的历史故事，阅读桥梁背后的美丽传说，感悟桥梁的文化之美。

4. 走访老人、专家、博物馆等，查询历史资料，了解南翔人有"新年走三桥"以图吉利的习俗。

5. 了解丰富的桥文化，提高文化素养。拓宽视野，受到美的熏陶感染。

三、课程内容

本课程以"探寻历史古桥"为主题，包含以下四个学习模块：

❖ 模块 1：嘉定第一桥——寻访天恩桥

天恩桥，初名"真圣堂桥"，这里原来应该有一座"真圣堂"，供奉的是汉相萧何，后来，"真圣堂"不见了踪影，留下了这座桥。由于该桥很大，也称"大桥"。其为东西走向，3 孔拱形石阶，东坡 32 级、西坡 35 级，长 40 米、宽 3.5 米，花岗石桥栏望柱、石级桥面，主孔净跨 11.5 米，两侧副孔净跨 5.5 米，是嘉定现存最长的一座 3 孔石桥。它以技术高超、景色优美、人文资源丰富闻名于世，有"嘉定第一桥"的美誉，也是上海地区著名的大石桥之一，今为嘉定区文物保护单位。让我们走近天恩桥，了解天恩桥的建造时间、地理位置、大桥造型、大桥楹联、天恩赏月的典故吧。

请跟着下面的思维导图，展开学习活动——

天恩桥 1

天恩桥 2

"楹联"有哪六要素？

何谓"楹联诗词"？

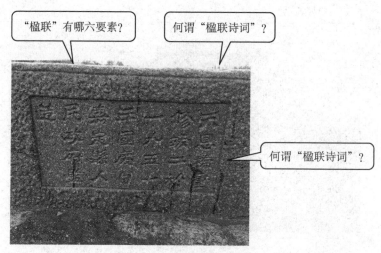

何谓"楹联诗词"？

天恩桥 3

诵读有关"天恩赏月"诗歌。

"南翔八景"之一：
"天恩赏月"。

"天恩赏月"写生。

天恩桥 4

模块 2：廊亭相会——仙槎桥

该桥横跨在横沥河上,位于沪宜公路、劳动街、生产街交接处。民间流传一则爱情故事,河东河西住着两户人家,河东的张家富裕,生了个男娃,河西的孙家家贫,生了个女娃。两人隔岸相望,日久生情。最后,得仙女相助架起了仙槎桥,两人才能约会。

跟着下面的思维导图,展开学习活动吧——

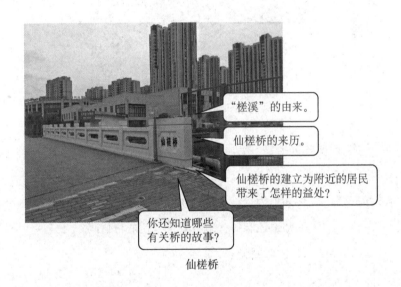

仙槎桥

模块 3：民间习俗——新年走三桥

由和平街进入,沿着和平街走,位于南翔镇"十字港"水面上的桥梁就能看见南翔的三桥,当地又叫"八字桥"地区,从正南望过来构成一个大"八"字形状。

探究 3 个问题:

1. 八字桥是哪三座桥?

2. 为什么称这三座桥为八字桥?

3. 八字桥是什么造型的桥?你还知道哪些造型的桥?

太平桥、吉利桥、隆兴桥

"八字桥"东、西堍各置佛龛一座,分别为路神和桥神,俗称"桥里庙"。每逢过年过节之际,南翔人都喜欢走一趟八字桥。

探究3个问题:1. 你知道为什么每逢过年过节南翔人都要走一趟八字桥吗?

2. 你知道还有哪些地方有走三桥的习俗吗?

3. 你还知道哪些民间习俗?

模块 4：龙穴探秘——报济桥

报济桥俗称香花桥，相传宋景佑四年（1037）由云翔寺僧遇贤及其徒裔在山门口錾石建桥。数百年间，桥建镇兴，周围渐为商业中心，元、清两代均有修建，后几经重建。

报济桥

问题探究：

1. 报济桥经历了几次变革？

2. 报济桥发生了哪些变化？

3. 为什么报济桥又称香花桥？

民间传说南翔是"龙镇"，南翔到嘉定有条冈身路，传为龙身，四虎桥是龙颈，龙头在云翔寺原址，其山门口一对双塔被比作龙的一对角；塔前各有古井一口比作龙的眼睛；正对山门的报济桥（今香花桥）说是龙鼻；两侧的水桥是龙齿；桥孔和桥南的一口水井分别为龙嘴和龙嘴里的夜明珠，龙尾乃是嘉定城中的法华塔。

问题探究：搜集你知道的有关报济桥的传说。

一座古桥，一处景致，一个动人的故事，岁月流逝，世事变迁，不变的是那些桥的风姿，向我们真情诉说着……

探究：1."桥"不是没有生命力的冷冰冰的建筑物，它体现着人类的智慧，给人美感，也给人留下许多耐人寻味的故事。同学们，如果你是一名设计师，你能设计出一座桥吗？

探究：2.有一种桥，它既不架在水上，也不架在陆地上，但它却实实在在地起着桥的作用，它是什么呢？

（撰稿：韩丽莉）

 课程实施 ————————————————————————

行走在南翔石桥上

在水乡，无桥不成路。江南古镇的桥不仅仅具有满足实际交通的作用，很多同时具有民俗文化功能，现在有些甚至在交通上已经不具有多少意义，只是为了满足民俗文化活动的需求而存在。中国是桥文化的故乡，自古就有桥的国度之称，始于西周前，发展于秦汉,兴盛于唐宋,遍布在神州大地的桥、编织成四通八达的交通网,连接着祖国的四面八方。古代中华民族的桥梁建筑艺术,有不少是世界桥梁史上的创举,充分显示了中国劳动人民的非凡智慧和艺术创造力。

在本单元的课程实施中,我们尝试运用学生喜欢的学习方式,区别于常规课堂中的学习方式,比如项目式、寻访式、迁移式……形式多样的学习方式带来了古猗文化相关课程的变革,使得学习过程直抵学生的心灵深处。

一、项目式学习

项目式学习是一种以学生为中心设计执行项目的教学和学习方法,从而促进学生的学习效果。在一定的时间内,学生选择、计划、提出一个项目构思,通过展示等多种形式解决实际问题。项目式学习和传统式学习方法相比,能有效提高学生实际思考和解决问题的能力。项目式学习的目标,是通过与现实相结合的实践方式,使学生更有效率地掌握学科知识,并在此过程中培养学生的社会情感技能。

在一个项目学习中,有几个非常关键的环节:提出问题,规划方案,解决问题和评价及反思。老师在每个环节,都要为学生起到引导的作用,根据项目的主题不同、学生的表现不同不断调整自己的教学计划和项目的进行计划。

✦ 案例 5-1

在《嘉定第一桥——寻访天恩桥》中,教师将教学目标设计为:

1. 探寻天恩桥,初步了解天恩桥的造型、建造年代、功用等,感受桥的形态之美、构建之美,点燃他们的爱乡之情、爱国之感。

2. 通过项目组合作,"查一查、做一做、动一动、评一评"的方式探究古代的桥梁建造,树立合作意识,提高自主学习能力。

教师设计的实施过程如下:

第一环节:教师引出研究项目

1. 说说你知道哪些桥?

2. 教师出示天恩桥图片及简介。

天恩桥，初名"真圣堂桥"，这里原来应该有一座"真圣堂"，供奉的是汉相萧何，后来，"真圣堂"不见了踪影，留下了这座桥。由于它很大，也称"大桥"。东西走向，3孔拱形石阶、东坡32级、西坡35级，长40米、宽3.5米，花岗石桥栏望柱、石级桥面，主孔净跨11.5米，两侧副孔净跨5.5米，是嘉定现存最长的一座3孔石桥。它以技术高超、景色优美、人文资源丰富闻名于世，有"嘉定第一桥"的美誉，也是上海地区著名的大石桥之一，今为嘉定区文物保护单位。让我们走近天恩桥，了解天恩桥的建造时间、地理位置、大桥造型、大桥楹联，知晓天恩赏月的典故吧。

1. 引出研究项目：南翔的桥——天恩桥。

设计意图：项目学习的内容广泛，学生接触得较少，比较陌生，因此让学生通过图片和资料对天恩桥有个初步认识，让学生对自己要研究的内容有个大概的框架。

第二环节：根据任务分组

1. 根据学生兴趣、爱好等对学生进行分组，分别组建：桥的历史、桥的结构、桥的艺术、桥的典故四个小组。

2. 各小组讨论研究的主要内容、组员分工及如何开展研究。

教师指导学生如何分工合作：观看分工合作视频，提出视频中存在的合作优点和问题。

3. 各小组汇报分工安排，研究的内容，教师加以引导补充。

设计意图：分工明确，能让学生更明确自己要做什么，更有目的性地去进行深入研究。观看小视频，让他们了解合作的方法，同时更加明白团队合作的意义。

第三环节：指导操作

1. 指导查阅资料的方法。

2. 提供必要的帮助。

设计意图：学生研究的过程中会遇到很多问题，这时老师的帮助是很有必要的，给学生提供必要的帮助，比如寻求专业老师的帮助，提供可阅读书目信息，电脑操作的帮助等。

第四环节：各组分头活动，查阅资料

1. 桥史组：查阅资料，实地采访，了解桥的发展与人类生活的关系，制作 PPT。

2. 造型组：查阅资料，实地考察，了解不同桥的结构特点，制作 PPT。

3. 艺术组：拍一拍、画一画、写一写桥的美。

4. 典故组：了解桥的典故，排演故事或小品等。

设计意图：通过自己的努力，去完成任务，给予足够的独立自主空间，提高自主学习的能力。

第五环节：整理成果

1. 学生整理调查研究成果，教师给予一定的指导。

2. 各组准备汇报展示。

第六环节：汇报展示

1. 学生结合多媒体等形式，汇报展示学习成果。

2. 师生点评各组学习成果。

3. 学生撰写本次项目学习的感受。

设计意图：成果展示是对前面所有努力的呈现，学生的精彩呈现不仅是知识的一种收获，更让他们为自己的努力而感到高兴自豪。成功的体验让他们更乐于去探索新知。

二、寻访式学习

寻访式学习是一种以学生活动为中心的教学和学习方法。通过对名人古迹、知情者、当事人的寻访，感受人物、事件或故事的意义和力量。

◆ 案例 5-2

在《廊亭相会——仙槎桥》中，教师将教学目标设计为：

1. 通过寻访当地老人，了解仙槎桥的传说和历史，感受桥的人文历史，增强学生对家乡的热爱。

2. 通过寻访或搜索网络，了解仙槎桥的建立给居民带来的益处，体会桥的重要性,激发好奇心与探求知识的动力。

教师设计的实施过程如下:

第一环节:确定寻访目的

1. 出示图片与文字资料,大致了解仙槎桥。

横跨横沥河上,位于沪宜公路、劳动街、生产街交接处。民间流传一则爱情故事,河东河西住着两户人家,河东的张家富裕,生了个男娃,河西的孙家家贫,生了个女娃。两人隔岸相望,日久生情。最后,得仙女相助架起了仙槎桥,两人才能约会。

设计意图:首先初步了解仙槎桥的概况,学生对仙槎桥产生兴趣,产生想要了解的探索欲。

第二环节:寻访准备

1. 准备好工具:纸、笔、相机。

2. 寻访注意事项及礼仪教育。

设计意图:寻访前准备不仅是工具准备,更应该是安全教育和礼仪教育,做一个文明的小学生。

第三环节:出行寻访

1. 带领学生寻访当地年长的居民,听其述说仙槎桥的故事。

2. 参观仙槎桥。

3. 去图书馆查阅南翔桥的资料。

设计意图:用亲身体验的方式去听当地长者讲述故事,去实地走一走仙槎桥,去图书馆查阅资料,让学生更真切地了解书本上没有的知识。

第四环节:交流寻访结果

1. 整理寻访所得资料,通过交流做一做 PPT。

2. 写一写传说,讲一讲桥的故事,呈现寻访学习成果。

3. 写一写学习体会。

设计意图:通过多媒体成果展示、讲故事、写一写的方式,把成果记录下来。

三、迁移式学习

学习中习得的一般原理、方法、策略和态度等迁移到另一种学习中去就是迁移式学习。孔子说:"举一隅不以三隅反,则不复也。""闻一知十"、"举一反三"是一种学习能力。

案例 5-3

在《廊亭相会——仙槎桥》一课后,进行拓展,让学生探索了解更多的桥。教师将教学目标设计为:

1. 通过了解仙槎桥的建筑构造,历史文化等,对桥的认识方法与途径有初步了解。

2. 通过对资料的表格化整理,理清探究思路,为迁移式学习打下基础。

3. 通过小组合作,体会自主探索的乐趣,激发学习热情。

教师设计的教学过程如下:

第一环节:了解仙槎桥

根据上一课的内容整理仙槎桥资料:

1. 仙槎桥的历史。

2. 仙槎桥的构造。

3. 仙槎桥的艺术。

4. 仙槎桥对人们生活的影响。

设计意图:将仙槎桥的资料进行归类整理,从中发现学习的规律和方法,从而为下面的研究学习做铺垫。

第二环节:举一反三

1. 说说你还知道什么桥?

2. 小组讨论:你了解这座桥吗? 你打算如何研究这座桥?

3. 请你用了解仙槎桥的方法再去探索一下你喜欢的桥。

设计意图:首先,确定要研究的桥,为学生确立学校目标。再大致说说想要了解所研究目标的什么方面，小组讨论研究方法和内容。

第三环节：成果展示

1. 借助多媒体交流研究成果。

2. 交流互评。

设计意图：研究成果展示，让学生体会成功的喜悦，同时也是团队合作的体现。

表5-1　我了解的桥

桥　　名	仙槎桥	其他桥
桥的建造时间		
桥的由来		
桥的结构		
桥联		
桥的传说		
桥的意义		

四、实景式学习

实景式学习通过实践来认识周围事物，通过使学习者完完全全地参与学习过程，使学习者真正成为课堂的主角。教师的作用不再是一味地单方面地传授知识，更重要的是让学生体验其中产生一种渴望学习的冲动。生活中任何有刺激性的体验如在蹦极跳中，被倒挂在空中飞速腾跃时所拥有的惊心动魄的体验都是终生难忘的。同理，体验式学习也会给学生学习古猗文化时带来新的感觉，让学生加深学习和理解，终生难忘。

教师将教学目标设计为：

1. 通过了解八字桥的命名、造型结构、传说民俗，体会劳动人民的智慧。

2. 通过实地走访，体验民俗文化，更深刻地理解文化内涵和意义。

教师设计的教学过程如下：

第一环节：通过老师介绍或学生研究成果分享

1. 八字桥是哪三座桥？

2. 为什么称这三座桥为八字桥？

设计意图：之前的课程如果有学生研究过八字桥，可以向大家分享，来自学生的分享更能激起他们的学习热情。

第二环节：了解有关桥的民俗

1. 你知道哪些民俗？太平桥、吉利桥、隆兴桥。出示图片。

2. 你知道为什么每逢过年过节南翔人都要走一趟八字桥吗？

"八字桥"东堍、西堍，各置佛龛一座，分别为路神和桥神，俗称"桥里庙"，每逢过年过节之际，南翔人都喜欢走一趟八字桥。

在南翔八字桥地区，是四大河流的交汇之处，也曾是货物装卸之处，河流通向东西南北。朝北通往嘉定城区直至江苏省浏河的叫横沥河。朝南是上槎浦，一直往南通往吴淞江（苏州河）。往东是走马塘，可以直至宝山区的大场镇。往西一段河流叫做封家浜，通往现今的封浜镇。4条河流在八字桥下汇合交融，形成一个开阔的水面。1937年八一三前，这里也是南翔著名的民俗节日"太平竞渡"的场所。

设计意图：了解八字桥的构成、作用和文化，激发学生对桥的兴趣。

第三环节：民俗体验

1. 对南翔的桥有了一定了解，那就让我们带着对这份文化的期待，一起去走三桥吧。

2. 分组：摄影组、绘画组。

设计意图：实地感受八字桥的特点，通过拍一拍照，画一画桥景，真切感受桥的魅力。

第四环节：拓展

1. "桥"不是没有生命力的冷冰冰的建筑物，它体现着人类的智慧，给人美感，也给人留下许多耐人寻味的故事。同学们，如果你是一名设计师，你能设计出一座桥吗？请你动一动笔，设计一座属于你的桥。

2. 作品交流：介绍一下你设计的桥。

3. 有一种桥，它既不架在水上，也不架在陆地上，但它却实实在在地起着桥的作用，它是什么呢？学生交流。

总结：架一座心灵之桥，让人与人之间的交流更多，让人与人之间关系更好。

设计意图：桥可以是有形的，它连接两岸，让两岸的人们得以交流。桥也可以是无形的，它是人与人之间的感情，是人与人之间的沟通。有了这样的桥，让人与人之间减少了隔阂，让人与人之间更温暖。

（撰稿：卞卡）

 课程评价

一个知情意行的学习旅程

"一个知情意行的学习旅程"评价体系，是基于办学理念、教学目标、校内外的资源等而建立的。学生能在学习中获得自信和成功的体验，激发学生学习动机，诱发学生学习兴趣，使学生积极主动地学习，促进学生全面发展。

一、评价内容

鉴于课程目标、校内外的教育物质条件和学生对南翔桥的了解、兴趣等因素，在本课中以探寻古桥为主题，设立了嘉定第一桥——寻访天恩桥、廊亭相会——仙槎桥、民间习俗——新年走三桥、龙穴探秘——报济桥这四个模块。

在教学过程中，做到"知、情、意、行"四者并重。学生在以讲授法、交流讨论法中得"知";在景中生"情"、想中领"情";在倾听和联想中扩充"意";在培养审美情趣的基础、丰富思想情感的基本、完善品德人格的导向、增强实践能力的目标上达到"行"。

在评价的过程中,教师要做到输入评价、过程评价和结果评价三者的平衡。教师在教学过程中不断进行即时反馈,不仅要关注学生已有的知识储备和学习能力,还要关注学生的学习经历,在学习过程中进行调整、反思和总结。学生也可根据评价判断学习上的情况,调整自己的学习活动。

二、评价维度

学习目标既是教学的出发点,也是归宿,评价和学习目标是相匹配的。在评价上不仅体现出教师对学生的关注、对课程的理解、设计课程的能力等,更体现学生在体能、毅力、智慧、沟通、协作等方面的素质和能力的培养。促进学校教学水平提高,促进教师专业提升,促进学生全面素质的发展,做到真正把培养人才与素质教育结合起来,把自我教育意识与自觉教育意识结合起来,把人文教育与文化教育结合起来,把课堂学习教育与社会实践教育结合起来。

(一)关注知识目标:以学科渗透方式,与基础和拓展探究性课程相整合

教师挖掘与南翔的桥相关联的活动性、体验性、探究性强的学科教学内容,归类到一起,各科老师挖掘与南翔的桥的相关性,加强学科间的关联度,去校本课程碎片化,进行教学资源重整。通过基础型课程的拓展,使学生掌握桥的历史故事、造型、建造年代、功用等知识,进而开始实践活动。在实践活动中,学生以自主、合作、探究等学习方式为主。

(二)关注能力目标:重构学习环境,拓宽学生实践平台

在本课的学习中,教室已不是唯一且主要的学习环境。本课程的教学不仅打破固定学科的常规,更是突破了传统课堂的空间限制,让学生走向校外。实地考察南翔的桥,走访老人、专家、文物馆。学生亲身体验在课堂中学到的知识,课后查阅到的资料,一改以往接受式学习方式,在发现式学习中,直接获取知识的积累。更能培养学生的

探究精神、创造精神，让学生掌握科学探究方法。

（三）关注情感目标：博古通今，感受美的熏陶

本课程除了有查阅资料、实践活动等显性课程，还设有更多的德育隐性课程。因此，评价不能仅针对学生对历史故事、造型、建造年代、功用等系列知识的掌握，更应当突出这些知识背后的文化底蕴。通过了解丰富的桥文化，提高文化素养。拓宽视野，受到美的熏陶感染，在耳濡目染、潜移默化中对南翔产生美好的情感，继而在研究南翔地域文化时，产生文化上的共鸣。

三、评价方法

教学是否有效、是否有效地改善并更为有效，都依赖于评价结果的运用。在本课程的学习过程中，教师坚持评价方式的多元化，运用嵌入式、分享式、团队式、展示式、档案袋式等多种评价方式，让评价促进教育生长。

（一）嵌入式评价

本课程是包容性更强的跨学科综合素质教育活动。强调多学科融合，以整合的教学方式培养学生掌握概念和技能。结合基础性学科进行定向性拓展，各科教师挖掘原有学科与本课程可能的交集点，进行有针对性的评价。同时，也能推动学校对教学资料的积累、教学经验的传承。嵌入式评价在收集和分析资料方法上灵活多样，从而帮助教师更好地实现通识教育目标。

案例：

学科	评价内容结合点
品德与社会	指导开展小组活动等。
语文	欣赏楹联诗词、创作关于桥的儿童诗等文学作品。
美术	画一座南翔的桥，设计报告中的插画、海报。
劳技	做一个桥的模型等。
信息技术	查阅信息，做电子小报等。

（二）分享式评价

学生学习以自主、合作、探究等学习方式为主，分享式评价能极大地激起学生自主学习的兴趣。分享式评价可以把个人评价与集体评价捆绑在一起，个人的表现影响着小组的评价，个人的进步就是小组的进步，使学生更加重视自己在集体中的价值和作用，在教师的同伴激励与约束中不断得到进步。让学生逐渐认同合作学习，通过查找、发现、改进在合作学习中的存在问题，从而有效地提高合作学习效率。在学习的过程中，至少以四人为一组，认领一个探究问题，分别承担不同的任务，查阅资料、实地考察、走访老人、专家、文物馆等。再将通过这些形式获得的资料，整合成一份报告，在课上交流，评出"团队合作奖"、"解决问题小能手"等小奖项。

以"八字桥是什么造型的桥？你还知道哪些造型的桥？"为例，学生们通过不同分工，获得各类资料。通过实地考察，了解桥的构造；通过查阅资料，了解这个构造的桥的特色；通过走访老人、专家、文物馆，了解其他造型的桥。在课上交流的过程中，学生对桥的构造有了更深的体会，从而对桥、桥文化、南翔本地文化有了深入了解。

（三）展示式评价

展示式评价是以教师与学生在教与学的过程中形成书面的、非书面的全部的教学成果与学习成果为主要评价内容，以上述各种成果的充分展示为主要形式，教师和学生参与的全方位多角度的透视性评价。本课程的实行，基于社会的需求、南翔的文化、我校的校情、学生的情况等，充分利用目前已有的学校环境资源、师资资源、校外资源。本课程与我校丰富多彩的校园活动科技节、艺术节和科技社团活动相结合。

在科技社团活动期间，学生制作桥的模型，教师进行辅导，并在科技节时将学生的学习成果展示出来，通过学生投票评选出"最具创意奖"、"最能承重奖"等。师生们可在课后去欣赏，不仅可以美化校园环境，还能让更多的学生了解南翔的桥文化。

（四）档案袋式评价

教师和学生有意地将各种有关学生表现的材料收集起来，并进行合理的分析与解释，以反映学生在学习与发展过程中的努力、进步状况或成就。这可以丰富学生的知识，更能有兴趣地认真去完成。家长、教师、学生三者的积极参与，也有助于家长与教师的沟通。家长参与评价，很好地开发了家长的资源，取得了家校教育的一致性，为学生的良性发展创造良好的环境。在实际操作中，每一步都需要老师做出正确的引导，这对老师的要求极高，也提高了老师对学生的了解和管理水平。一份理想的"档案袋"，能够为教师提供其他评价手段所无法提供的有关学生学习与发展的重要信息，能够为教师描绘出一个动态的、完整的、立体的学生发展的"图画"。

以制作桥的模型为例，家长帮助学生一起设计桥的造型，并对发现的问题进行初步设想解决。到学校后，教师对其设计、制作中遇到的问题等每个步骤进行正确的指导。在模型完成后，完成观察卡，并交流心得。

❖ **案例 5-6**

制作桥模的学生观察记录卡

班别： 姓名：

项目	指标	自我评定	家长或专业人士评定	指导老师评定	成果形式和进入档案袋的成果名称
任务完成度	实践活动完成的进度				
动手能力	制作桥的造型的动手能力				
创意可行性	在制作桥的模型中的可行程度				
解决问题能力	发现承重、美观问题、解决问题				

（五）团队式评价

南翔的桥，历史悠远。仅凭学生自己一个人，想要了解一座桥，其困难程度很大，这需要团队合作去完成。制定团队式评价体系，对小组合作学习进行及时恰当的评价，能大大提高小组成员的整体意识，淡化竞争、增强合作，提高学生合作的积极性和实效性。从查阅资料、实地材料收集、整理和总结到交流，每个成员分工明确。比起档案袋式评价，团队式评价弱化了个人评价，强化了团队评价。教师对团队的评价要注意不仅是对合作成果的评价，还包括团队合作的组织情况，每个成员参与的积极性，等等。

例如在了解南翔人有"新年走三桥",学习以图吉利的习俗"走三桥"时,每个学生都有自己的任务,一些学生走访老人,一些学生咨询专家,还有一些学生参观文物馆。我校有很多学生并非本地人,对这些习俗的了解原先仅存于书本中,也有本地的学生只知有这习俗,但并不了解。在进行小组交流时,向同伴们报告所了解到的内容,并说出自己的感受。经过交流后,大部分学生对南翔的"新年走三桥"这个习俗有了真切的体会,并且,在往后的日子里,学生表示他们走在桥的青石板上,也有了不同的感情。学生们将地域文化慢慢地刻在骨子里,融进血液中。

在评价的过程中,我们不流于形式,让评价服务于课程。面对不同年龄段的学生,也有不同的评价方式。以画桥为例,高年级的学生在纸上自行设计出一座南翔的桥,而低年级的学生则是为南翔的桥涂色。

在整个评价过程中,通过形成性评价和表现型评价,培养学生解决问题、合作交流、动手实践等方面的能力,激发学生对南翔的认同感和归属感。评价的方法和工具多种多样,评价中更注重学生的发展过程,着重于学生素养的增长。本课的评价多样化,鼓励学生的自评和互评,加强家长与学校、教师的沟通和合作,以保证评价的顺利实施。

（撰稿：朱谷静）

第6章　突破封闭的架构

　　古往今来,历史车轮滚滚,有些人淹没于时光里,而有些人在岁月长河中激起了耀眼的浪花。伟人之所以伟大,是因为他立志要成为卓越的人。于是,从衣食住行开始,一砖一瓦都带上了个体的鲜明符号,小桥流水间,亭台楼阁处,无不藏匿着主人的小小心思,让世人欣赏,供后人瞻仰。书画水墨透世事,一笔一画都记载着变迁、诉说着故事。游走在园林中,穿梭时空之旅,对话古人、拜访名家,再现那段悠悠时光。

　✛　**文化坐标**

　　　小小檀园,曲径通幽

　✛　**学程设计**

　　　品园林山水,忆才子往昔

　✛　**课程实施**

　　　走进檀园,品味文化

　✛　**课程评价**

　　　对话檀园,学会欣赏

文化坐标 ——————————————————————————

小小檀园，曲径通幽

檀园，原为明代文人李流芳的私家园林。檀园毁于明清易代之际，于 2011 年恢复重建，新址檀园位于上海市嘉定区南翔镇南翔老街景区内，东临共和街小庭院、南接人民街店铺、西邻槎溪书场和历史文化陈列馆、北靠混堂弄，占地约 10 亩，建筑面积 2032 平方米。

檀园布局紧凑得体，以葫芦形水池居中，厅堂环立；洞壑盘旋宛转，曲廊贯通全园，体现了江南私家园林的特色，起到了廊随桥引、步移景换的园林效果。园内有宝尊堂、次醉阁、山雨楼和芙蓉沜等历史景点。

一、檀园历史

檀园原址在南翔北市，占地仅三亩多，为明代文学家、书画篆刻家李流芳于明万历三十三年（1605）规划卜筑，园名取自其号。檀园名字来源于园内的两棵青檀树，此树千余年来相伴而生，又名鸳鸯檀、千岁檀，是我国特有的单种属植物、国家二级保护稀有树种，已有 1389 年的历史。大门"檀园"二字分别由康有为的弟子萧娴和书法家启功所题。

檀园乃我国历史上著名的文人园，清乾嘉时期著名学者钱大昕曰："槎上多名园，以长蘅先生檀园为最。"

由于历史的原因，有关檀园的图文资料近乎于无，无法以旧园为范本进行恢复。

进入新世纪,国运昌盛,南翔镇人民政府斥巨资重建檀园。此次重建借鉴了江南诸多古典名园造园艺术,又顾及当代人们的旅游审美情趣,力求体现李流芳的人格情操和艺术成就,实为一意境园、名人纪念园。檀园现已被世界教科文组织列入世界自然遗产名录。

二、檀园布局

檀园有一条明确的中心轴线,主要建筑门厅、次醉厅、宝尊堂都是布置在中心轴线上,左右呈对称的规则布局;而园林则布置在建筑之间,累石叠山,水随山转,相互穿插,呈自由布局,虽小有亭台,亦大有可观。改建过程中同时还保留二幢民国时期清水墙建筑和清末民初民间私宅一座。

檀园设计在构图上力图精妙、层次丰富、意境深远,在各个景点的构成与形态上力创"素、雅、和"的气质,因此充分展现了文人写意园林的风格,澹泊隐逸的境界,彰显了"书卷气"和"雅逸风"的艺术格调。同时,在有限的空间浓缩再现出无限的自然山水之美,营造可游、可观、可憩的城市花园,满足人们依恋自然,追求与自然和谐相处的生活情趣,并唤起人们对古檀园文化与艺术的追思和意境的遐想。

三、檀园文化

为了使檀园的品牌影响力更具优势，相关部门每年会定期举办一系列富有民俗文化特色的活动。比如，已连续举办多届的元宵传统灯谜会，在市民心中已成为雷打不动的节庆品牌活动，在缤纷多彩、喜气洋洋的花灯下聚集着大批市民游玩赏景、猜谜赏灯。还有端午主题集会，除了展示传统民俗礼仪文化外，还会招募许多志愿者参与其中，一同徜徉于古典园林，感受节日气氛。此外，檀园还不定期推出一些适合社区居民、青少年学生和社会志愿者的活动。

为了振兴上海"三画"（年画、连环画、宣传画）这门上海非物质文化遗产，在2015年上海南翔小笼文化展活动期间，上海"三画"创作展示基地设立于檀园内，期盼有志于"三画"创作的志士仁人共聚于此，共谋振兴"三画"大计，探索"三画"传承发展新路。

今日的檀园凝古代建筑之神韵，拓现代科技之工艺，融江南传统园林与现代气息为一体，被誉为新时期古典建筑再造的精品力作。檀园自开园以来，游客接待量以每年接近20％的速度增长。一系列活动在檀园的成功举办，不仅使古典园林亲近了百姓，而且也丰富了园林文化的空间意境感受，更是有益于本土旅游文化的传播和影响。

（撰稿：高琼）

学程设计 —————————————————————————————————

品园林山水　忆才子往昔

围绕檀园的历史人文、园林山水、建筑格局三大特色景观文化,我校拟定了"品园林山水,忆才子往昔"的学程设计。

一、课程图谱

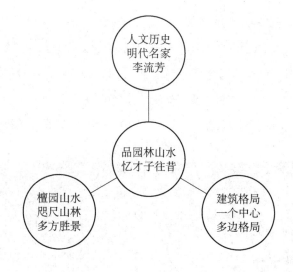

二、课程目标

1. 了解檀园的历史,知晓其主人李流芳的人物事迹,感悟名家名园的文化价值。

2. 探寻檀园"咫尺山林，多方胜景"，体验其洞壑盘旋宛转的山水魅力，了解江南私家园林的特色。

3. 欣赏檀园"一个中心，多边格局"的建筑格局，感悟明代建筑精致典雅、造型多变之美。

三、课程内容

本课程以"品园林山水，忆才子往昔"为主题，包含以下三个学习模块：

❖ 模块 1：人文历史——明代名家李流芳

今天，让我们走进檀园，认识檀园，探寻檀园历史。

你想知道檀园的来历吗？"嘉定四先生"又是何人？我们来读一读。

活动：读一读李流芳的生平，品一品檀园人文历史。

李流芳（1575—1629），字茂宰，一字长蘅，号檀园，晚称慎娱居士，居南翔。明万历三十四年（1606）举人。三十二岁中举人，后绝意仕途。诗文多写景酬赠之作，风格清新自然。与唐时升、娄坚、程嘉燧合称"嘉定四先生"。擅画山水，学吴镇、黄公望，峻爽流畅，为"画中九友"之一，亦工书法。崇祯二年（1629）闰四月三日，李流芳卒于檀园，享年 55 岁。钱谦益作《李长蘅墓志铭》，程嘉燧书丹，宋珏篆盖，侯峒曾作《祭李长蘅先

（图为檀园中李流芳先生书画作品）

生文》。清嘉定诗人林大中有诗夸其"忆当晚明时,官途亦多术。高士多鄙之,坚卧独不出。诗笔能清真,画品亦超轶。不拜千古事,名言殊简质。孝廉忧国家,呕血遂以卒。"大书画家董其昌曰:"其人千古! 其艺千古!"李流芳是明代后期著名的文学家,以诗歌和小品闻名于世。

❖ 模块2:檀园山水——咫尺山林,多方胜景

活动:游一游檀园山水,赏一赏园林胜景。

檀园内有次醉亭、步蘅舸、宝尊堂、谷诒燕翼、飞瀑流云等景观,设计采用层层遮挡、层层透析的方法,营造曲径通幽、若隐若现的视觉效果,每年都吸引着无数游客。

从檀园平面图来看,整个园林以芙蓉沜为中心,宝尊堂、次醉厅相隔两岸,沿岸分布着招隐亭、寥寥亭,园林深处则是剑蜕斋、慎娱室。全园布局紧凑得体,厅堂环立,洞壑盘旋宛转,曲廊贯通全园。徜徉园内,如在画中。

走入檀园,映入眼帘的便是次醉厅,它俗称花篮厅,旧名"次醉阁",是李流芳会朋晤友、饮酒作诗之处。重建时以江南古典建筑艺韵的传承与现代建筑技术的创新相结合,使得"花篮"格外生辉。大厅内放置图画"九友图",彰显了李流芳在晚明画坛的地位。

芙蓉沜是整个檀园的中心,其名来源于古园,也就是荷花池,周围建筑皆依水而

建。芙蓉沜形似葫芦,谐音"福禄"。池水与假山瀑布形成活水循环,使得葫芦口处的涓涓流水,更显绵绵不尽。

步蘅舸,位于芙蓉沜的一侧。蘅,出自李流芳表字"长蘅"。步蘅,是尚贤敬仰之意。舸,又名石舫、不系舟,分为三段,前舱较高,中舱略低,尾舱建二层楼,凭栏远眺,天地开敞明亮。步蘅舸三面环水,一面接岸,欲动实静,置身其中,有行舟远去之感。

招隐亭在园中假山旁。隐,即隐士,指不出仕做官的文人。招隐亭原为李流芳与

程嘉燧、宋珏、张鸿磐等文人墨客相聚之处,他们常于此饮酒作画,纵论天下时事,愤阉党乱政,忧国事日非,藉丹青以自娱,纵美酒以解脱。

　　宝尊堂分为南北两厅。其名称源于古园,为全园主厅,面阔五间,以江南园林建筑艺术经典"鸳鸯厅"构筑重建而成。北厅陈列李流芳之书画和诗歌作品,而南厅安置李流芳全身铜像一尊、悬挂"艺苑扬芬"匾额一块,及明清两代文人所撰歌颂李流芳及檀园的诗词，以示对先贤的崇敬。

飞瀑流云，得名于山顶湖石形似云飘，山上瀑布直泻而下。在造型上吸取传统造园叠山理水之技法，融合现代工艺瀑布设计，是承古于今、古今合一、以今润古理念的集大成，太湖石砌之刚毅外形与潺潺流水之秀美内涵的完美组合，愈显深蕴。

由于李流芳所画的园图仍存，2011年易地重建，现址位于云翔寺东侧的鲁班殿故址，占地10亩，建成后的檀园，成为国内外游人来南翔的又一必游景点。

模块3：建筑格局——一个中心，多边格局

游历整个檀园，以水景为中心，运用"一个中心，多边延伸"的格局，用高墙与喧闹的市井隔开，将山水、建筑、植物等景观采用自然式进行空间分布，在有限的空间内充分发挥"小中见大"的艺术原理，营造出"咫尺山林，多方胜景"的园林格局。园内厅堂环立；洞壑盘旋宛转，曲廊蜿蜒贯通，布局紧凑得体，体现了江南私家园林的特色，人们徜徉园内，如在画中。李流芳诗曰："短筑墙垣仅及肩，多穿洞壑注流泉。"寥寥数字，足见其匠心独运。这个我国历史上著名的文人园，曾为当年文人墨客吟诗畅饮之所，后毁于明清易代之际。园林文化力求体现李流芳的人格情操和艺术成就。全园布局紧凑得体，显示出一种宁静、典雅、精致、大气的气氛，既传承了江南古典园林的文脉，兼具时代气息。紧随檀园的山雨楼和南翔人家，为民国建筑，既保留展示南翔的历史印迹，亦为游客增加访古问胜之地。

（撰稿：邹凯叶）

课程实施

走进檀园　品味文化

"檀园"课程的实施是一个从初步了解到详细掌握的动态学习过程。通过教师引领学生走进檀园——走近名家——品味文化的过程，培养学生善观察、乐参与、勤动脑、重合作的学习能力，让他们在学习过程中学会学习，学会品味文化，陶冶情操。

学生学习文化的过程不该是既得的答案，而是让他们自己在学习中培养能力，在有能力的前提下学习更丰富的知识。在檀园文化的学习过程中,教师注重探索新的学习形式,尝试从搜索式、实地考察式、游戏式、演讲绘画再现式等学习方法入手,让学生近距离接触檀园文化、品味檀园文化。

一、搜索式学习

搜索式学习法是指学生在学习之前用过网上、书本资料、地方志上搜集檀园的相关知识,包括历史沿革、地理位置、文化名人、竹文化、园林文化、诗词文化等,学生们分组将海量资料进行梳理、对比、分析、筛选,对檀园文化的学习形成自己的思路,创制出学习的模块,从而学会提取信息、整合信息的能力,也为日后学习其他知识能自己选取所要学习的要点打下扎实基础。

❖ 案例6-1

教师在《走进檀园》一课中,将教学目标设定为:1.知识与技能:知道檀园是南翔著名古典园林。明白檀园的由来,对檀园全景有一个大体的了解。2.过程与方法:通过文本浏览、上网查询等形式,鼓励学生通过"看一看、聊一聊、晒一晒、评一评"的方式探究檀园,对檀园有大致的了解。3.情感态度与价值观:通过探游檀园,作为一名"新南翔人"或者是本来就居住在南翔的本地人,都对南翔有进一步的了解,激起爱乡之情、爱国之感。

教师设计的实施过程如下:

教学环节	教师活动	学生活动	设计意图
从古典园林引入檀园。	聊一聊,说说你知道哪些园林,引入檀园是南翔著名古典园林。	说说自己知道的园林。	从学生已知的引入,引起学习兴趣。
通过简介,知道檀园的概况。	介绍檀园,知道檀园大致的全景。	和同学简单介绍一下檀园的概况。	通过说一说的方法让学生对檀园有一个初步了解。

续　表

教学环节	教师活动	学生活动	设计意图
说说自己了解的檀园。	请你向大家介绍一下你游览过的檀园,说说檀园的景色。	学生交流,说一说在檀园游览过的地方。	结合自身经历,说说檀园的景色,进行说话训练。
欣赏图片,小组赛一赛。	观赏檀园的图片,猜一猜是檀园的哪个景点,小组赛一赛,激发学生对探游檀园的兴趣。	猜景点,赛一赛。	通过比赛的形式激发起学生对于探游檀园的兴趣。
自读檀园介绍,交流自学到的内容。	以小组为单位读一读课本中对檀园的介绍,知道檀园的由来,对檀园全景有一个大致了解。并说说自己知道了关于檀园的哪些知识。	小组合作,读一读,并交流自己从课文中了解到的檀园。	通过小组讨论,达到以强带弱,提高学生的自主探究和学习的能力。
作业布置。	利用双休日,和家人一起去探游一次檀园,拍下游玩时的照片,试着与大家分享照片里的故事。	课后探游檀园,拍照并分享故事。	通过课外实践活动,自主探游檀园,丰富课外活动经历,对檀园有进一步的了解。

二、实地考察式学习

实地考察式学习法是搜索式学习法的延续,它是在搜集整合资料的基础上的一种文化探寻。学生根据自己整合的资料,确定出适合自己的学习模块,在此基础上落实实地考察的方案。根据方案到檀园实地考察,提高学习效率。

◆◆ 案例6-2

教师在《探访名园》一课中,将教学目标设定为:1.知识与技能:知道檀园是南翔著名古典园林。对檀园的园林风格有一个大局的了解。2.过程与方法:通过文本浏览、资料整合等形式,鼓励学生通过"看一看、聊一聊、晒一晒、评一评"的方式探究檀园,对檀园的园林建筑有深入的了解。3.情感态度与价值观:通过探游檀园,激发学生对南翔有进一步的了解,激起爱乡之情、爱国之感。

教师设计的实施过程如下:

教学环节	教师活动	学生活动	设计意图
学习檀园的相关内容。	课前布置预习作业：和伙伴们一起参观檀园七景，和他们一起了解檀园七景的介绍。	和伙伴们一起参观檀园七景，制作关于檀园七景的资料卡。	自主学习，对檀园七景有进一步的了解。
探究檀园的七小景点。	提问：想一想、说一说，檀园的七小景点是什么？指名交流。	思考并说一说檀园的七小景点是什么。	了解檀园七小的建筑特色。
小组交流。	安排小组交流小朋友们课前探游檀园七景的情况，讨论自己对哪个景点最感兴趣，理由是什么。	分小组交流课前探游檀园的情况，讨论自己对哪个景点最感兴趣，并说说理由。	通过小组讨论，加深解檀园七景的相关文化。
游戏：我是檀园的小导游。	组织游戏：我是檀园的小导游，选择一个景点介绍。	参与游戏，做檀园小导游，选择一个景点向大家作介绍。	用游戏的方式激发学生探索檀园七景的兴趣。
再次讨论旅游时的文明礼仪。	提问：参观檀园时要注意哪些文明礼仪？	说说旅游时要注意的文明礼仪。	通过学生的自主发言，总结旅游时要遵守的文明礼仪。

三、游戏式学习

游戏式学习法，顾名思义，就是在游戏中学习知识的方法。小学生天性爱玩，因而教师在探索学习方法时要关注到孩子的天性，游戏式学习法可以成为教师教学的有力武器。游戏式学习法让学生在游戏中更快更好地学习知识。

❖ 案例6-3

教师在《走近文化名人》一课中，将教学目标设定为：1.知识与技能：知道檀园是明代文人李流芳的私家园林。2.过程与方法：通过搜集资料、名人诗词鉴赏比赛、制作书签等形式，鼓励学生通过"找一找、品一品、赛一赛、做一做"的方式鉴赏文化名人李流芳的作品。3.情感态度与价值观：通过名人诗词鉴赏，对侨居在南翔的文化名人有进一步了解，激起家乡自豪感。

教师设计的实施过程如下：

教学环节	教师活动	学生活动	设计意图
找一找 品一品	介绍李流芳的一首诗，让学生吟诵，感知李流芳诗句的自然平易、质朴清新。	说说课后查资料所认识的李流芳。	引经据典，让学生了解李流芳的文学成就和写作风格。
听一听 赛一赛	课前布置学生通过网络书本等方式收集李流芳的诗文。课上组织交流、吟诵。	上台用各种形式交流、吟诵李流芳的诗文。	通过学生的查找、吟诵，更能直接感知李流芳诗文的魅力。
做一做 评一评	课前布置学生通过网络、书本等方式收集李流芳的诗文或警句，制作成书签，课上组织交流。	上台展示自己制作的书签，其他学生进行投票评比出最具特色的书签。	通过学生的自制书签，进一步感知李流芳诗文的魅力，也能学习李流芳的人格魅力。
吟一吟	出示古诗《过桌亭龙居湾宿永庆禅院同一濂澄心恒可诸上人步月》，简单说说意思，并指导吟诵。	吟诵古诗《过桌亭龙居湾宿永庆禅院同一濂澄心恒可诸上人步月》。	通过吟诵古诗，让学生喜爱李流芳的诗文，了解李流芳的高尚情操。
评一评	组织学生根据自己在课堂上的表现自评。	根据要求完成自评。	通过评价，帮助学生进行听课反思。

（撰稿：秦晓静）

 课程评价

对话檀园，学会欣赏

檀园是我校《古猗文化》课程中的一个重要内容。我们结合园林特点和学校文化建设,推出了"对话檀园,学会欣赏"评价体系,协调古猗文化与学科知识的交融、互渗、整合校内与校外、课内与课外的各项资源,教会学生初步欣赏檀园的建筑特点和文化底蕴,激发学生热爱园林建筑的情感。

一、评价内容

根据课程目标,结合学生的认知基础、生活实践、情感文化等方面的表现,确立了解檀园历史、认识建筑特点、品味欣赏三个方面的主题探究模块,教师在学生的探究活动中根据学生的学习反馈情况,进行即时评价,让评价伴随学生的学习全过程。

在评价过程中针对学生的学习能力,制定科学的、可操作的评价标准、设计评价量表,促进学生对所学习的内容进行回顾、反思和总结,让评价成为学习经历的一部分。

二、评价维度

评价中关注课程开发的合理性、科学性、人文性;关注教师课程的设计能力,执行能力;关注学生"认知特点、体验过程、情感创造"的培养目标,促进学生自我认识建立自信,发掘潜能,成为具有猗小品质的学生。

(一)关注认知特点:解决疑问,初步了解

通过视频、图片展示,学生分享等方式初步了解檀园,提出问题,解决问题,增加学生兴趣点,以达到提高学习效率的目的。

(二)关注体验过程:实地走访,深入了解

基于古猗文化的校本课程具有很强的地域性,学生只有亲身经历、实地调查走访,才能真正认识、利用具体可感的乡土资源,发现问题,激发学习兴趣。

(三)关注情感升华:了解文化特点,抒发情感

基于古猗文化的校本课程与学科课程不同,其课程设置和内容的选择上,是着眼于培养学生了解、热爱檀园的情感、态度和价值观。因此,评价不应过于注重知识的掌握程度,而应注重学生在了解檀园的园林特色、园林布局、主要景点和园林文化的过程

中所表现的情感、态度、价值观等,看学生是否积极吸纳本地优良传统,积存古猗文化进而建设美好南翔的情感。

三、评价方法

在主题探究的学习过程中,课程负责教师积极尝试分享式、团队式、展示式、任务式等多种评价方式,在学生主题探究活动过程中充分调动学生探究学习积极性和主动性,激发学生兴趣点,在学习任务中提高学生的认识、能力和情感、态度、价值观。

（一）分享式评价

分享式评价是基于学生认知的一种评价方式,在进行具体的实践活动之前,课程负责老师会专门利用一节课的时间去熟知学生对于檀园的熟知情况,让学生分享自己的知识,提高表达能力,进入活动"预热"前的准备。比如:"你去过檀园吗?"、"你对檀园的印象是怎样的? 能用几个词语说一说吗?"、"你去过跟檀园相似的园林吗?"等比较基础的问题,通过学生的回答既可以了解学生的认知程度,又可以安排后续的评价活动。在该评价中,老师主要采用谈话式的问答方式,给予学生口头评价和鼓励,这易于操作。

（二）团队式评价

顾名思义,团队式评价是基于学生合作的评价方式。由于课程的地域性质,学生几乎每次学习都要进行实地走访、调查、拍照、取样、制作等活动。这就需要发挥小组团队共同协作的作用,让学生分组合作,形成不同的团队,既可以增加学习的效率,又可以增强学生之间的合作能力。在团队合作的基础上,结合班级"小组争星"星级评价制度,评价的重心由鼓励个人竞争转向团队合作达标。

如在"认识檀园"探究学习中,我们确定了"看一看,数一数,记一记"的评价内容。通过小组合作,看一看"有什么",关注点可以是檀园的亭子、房间、画作等事物;数一数兴趣点的数量,比如檀园有多少个亭子,房间的数量等;基于以上任务,记一记你了解了什么,比如房间的特点,画作的特点等。这一评价内容可以充分培养学生的团队合作、自主探究、学习以及认知能力。

（三）展示式评价

展示式评价是结合团队式评价的一种评价方式，即学生展示自己的团队兴趣点，在不同的兴趣点上进行不同的活动，如对建筑感兴趣的孩子可以组成"建筑组"，对桥梁感兴趣的孩子可以组成"桥梁组"等，其他小组分别进行活动，记录活动过程，学习过程，展示分享。如让学生根据檀园的建筑特点，结构特点等维度，采用图片展示、视频展示、内容讲解等方式展示成果，学会欣赏檀园不同方面的美，提高鉴赏美的能力。为成果优秀者举办个人会展，在相互欣赏和评析中为每名学生提供参与活动的机会和进行展示的舞台，使活动充满生命力。

（四）任务式评价

任务式评价是给予学生一定的力所能及的任务，让学生从理论收集过渡到实践操作，故该方式又是在以上评价的基础上提高学生能力的进阶方式，对学生能力要求比较高，具有一定的挑战性，同时也可以继续激发学生的学习兴趣和挑战力。该评价方式针对檀园课程实施的内容，请园区内的老师傅、园区内的管理员、名人故居的讲解员等相关人员对学生进行"导游"培训活动。具体如下：

1. 邀请檀园的工作人员对小组进行"导游"的培训活动，包括讲解语、讲解手势、游人引导等基本的导游素质，由工作人员和小组成员一起评选出"潜力小导游"进行具体的导游活动，其他小组成员作为"导游"的助手依然进行导游活动。

2. 学生根据所在小组的兴趣点，分组到不同的组内进行导游活动，比如"建筑组"、"画作组"等，对游客进行具体的建筑类讲解、画作类讲解活动，请游客给自己组内成员打分，进行积分活动。

在评价形式上，我们还根据不同年龄学生的特点采取不同的评价方式。如，低年级采用"形象类评价"——"红花"、"大拇指""、"笑脸"等，中年级多采取"语言性评价"，高年级主要采用"星级评价"。对于难以测量的学习结果，我们通过作品展示、现场表演、实物制作、项目设计、对话交流等多种方式来评价。总之，学生在檀园中的探访学习是一个不断探索和成长的过程。

（撰稿：孟路安）

第7章　演绎生命的精彩与博大

　　青春与梦想,在校园里绽放;震撼与感动,在人世间传扬。生命使世间有了活力,它在历史的长河中繁衍,绽放绚丽夺目的光彩。小草把绿色献给春天,使它的生命变得精彩;清泉,把甘醇流淌入干渴者的心田,使它的生命变得精彩;红日,把温暖传递到数九隆冬,使它的生命变得精彩。每一座历史建筑都有自己独特的韵味,鹤槎山也不例外。鹤槎山经过历史的洗礼,见证了生命的精彩与博大。

✛ **文化坐标**
　　鹤槎山旧貌换新颜

✛ **学程设计**
　　走进历史,见证发展

✛ **课程实施**
　　烽火硝烟熔铸爱国魂

✛ **课程评价**
　　让历史点燃学习热情

文化坐标 ————————————————————————

鹤槎山旧貌换新颜

鹤槎山位于南翔镇北市梢沪宜公路东侧，有一座土阜，高约 10 米，周百余米，南北略长，占地面积约 1 200 平方米。这看似其貌不扬的小丘，却是一处已有近 900 年之久的历史遗迹。

一、风雨飘摇中的鹤槎山

鹤槎山系一人工筑的烽墩。烽墩又名"烽火台"，是古代一种防御性军事通信设施，设在天然或构建的制高点上，驻守相望，一旦发现敌情，前墩迅速将信号传递给后墩，墩墩相传，便可在极短的时间内，报警于指挥中枢，部署备战。它曾见证过多个历史事件。清咸丰三年(1853)上海小刀会起义前夕,以徐耀为首的罗汉党曾于此举行农民武装起义。太平天国军队也曾在此阻击过英法联军。旧时每年元宵之夜,这里又是各路龙灯的集聚地。

现如今鹤槎山占地约 1 200 平方米,残高约 10 米。东麓有古银杏 1 株,南麓破旧的老房香雪庵,为清代建筑,其房屋呈阶梯式连接建在鹤槎山上,原为南翔人民化工厂办公室,现墙上还挂着南翔镇槎山村老年活动中心的牌子。1981 年,南翔人民化工厂曾出资修筑围墙,将鹤槎山围护起来,使遗址得以保护。1992 年公布为嘉定县文物保护单位。2012 年,香雪庵和民国碉堡均被公布为上海市不可移动文物。

据史书记载,从前每年的正月十五,附近村民都会在鹤槎山下举行社灯聚会;每年的重阳,当地村民在此登高、思亲……这些风俗如今已不复存在,唯留下风雨飘摇中的鹤槎山。

二、修缮重建中的鹤槎山

鹤槎山有烽火台、香雪庵、民国碉堡、银杏四大特色景观文化。此次鹤槎山区域修缮包括香雪庵、民国碉堡、古银杏树三个部分。鹤槎山南麓是香雪庵,系清代建筑。初建时占地 2 亩,有大小建筑 18 间。由于年久失修,已显得破败欲倒,如今镇政府对烽

火墩和香雪庵进行了修缮，此次修缮，按照原风貌修复，并根据"鹤蛇共存"的传说，进行景观小品的设计。与此同时，也将对民国碉堡以及具有300多年历史的古银杏树进行保护和修复，按照"弘扬历史"、"传承文化"、"观古思今"的设计理念，统筹考虑周边环境要素，设计木栈道及绿化节点，通过绿化及建筑小品串联古银杏树、碉堡以及香雪庵，形成具有整体风格的建筑群落。除了修复和保护重要的历史遗存外，该区域还计划建设南翔文化艺术中心，让此地成为南翔文化与历史的高地。

鹤槎山修缮毕后，很多人过来看她，夸奖她，赞美她……这座历经沧桑的鹤槎山迎来了浴火新生，拥有新面貌的她，还是如同曾经那样，安静矗立，见证着更多的岁月和故事。

（撰稿：童建芬）

 学程设计 ————————————————————————————

走进历史，见证发展

鹤槎山是宋代建炎年间韩世忠在南翔构筑的烽火墩。鹤槎山以泥沙夯实，再砌石建屋于上，很是坚固。东麓古银杏1株，已有300余年历史，被列为上海市一级保护的古树名木，南麓为香雪庵，属于清代建筑，其房屋呈阶梯式连接建在鹤槎山上，香雪庵后山顶上是一座民国碉堡，是国民党军为抵挡共产党军队解放上海而建筑的，现如今香雪庵和民国碉堡均被公布为上海市不可移动文物。

为了让孩子们记住这段历史，我们围绕鹤槎山的烽火台、香雪庵、民国碉堡三大特色文化景观，设计了相关课程。

一、课程图谱

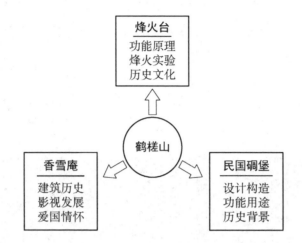

二、课程目标

1. 了解鹤槎山的由来，认识烽火台的功能和历史，阅读建筑背后的历史故事，知道烽火台之间通信的原理，明白保护历史建筑的意义，既是为了保护历史文化，也是为研究历史和开创未来。

2. 了解香雪庵的建筑历史，知道香雪庵曾作为背景出现在大陆第一部彩色立体宽银幕影片中，对中国乃至世界电影的发展史有一定认识，增强自己的爱国主义情怀。

3. 观察鹤槎山民国碉堡的设计与构造，了解碉堡的功能用途，以及其背后的历史背景。

三、课程内容

本课程以鹤槎山特色文化景观为主题，包含以下三个学习模块：

❖ 模块 1：烽火台

鹤槎山在南翔镇北市梢，距镇中心约 1.5 公里，位于沪宜公路真南路东北路口。说它是"山"，其实只是一个由人工筑就的烽墩，也被当地百姓称之为烟墩。

接下来就让我们走上烽火台，展开学习活动——

烽火台

烽墩又名"烽火台"，是古代防御性军事通信设施，设在天然或构建的制高点上，驻守相望。一旦发现敌情，可以及时传递敌人来犯的信息，在烽火台上点燃狼粪。因为狼粪点燃时的烟很大，可以看得很远，就这样一个烽火台接着一个烽火台点燃狼粪，敌人来犯的消息便可在极短的时间内，报警于指挥中枢，中枢即部署应战。东周时就有"烽火戏诸侯"的传说，《辞海》里也有"狼烟四起"的成语典故。上海地区曾有 170 多座这样的烽墩，目前上海的烽墩数已经很少了，鹤槎山即为仅存的遗迹之一。

鹤槎山原高约 30 米，以泥沙夯实，再砌石建屋于上，很是坚固。宋代以后，一直为军事要塞。今天的鹤槎山严重矮化了，残高已不过 10 米左右。

鹤槎山曾见证过多个历史事件。清咸丰三年(1853)上海小刀会起义前夕，以徐耀为首的罗汉党曾于此举行农民武装起义。太平天国军队也曾在此阻击过英法联军。

模块 2：香雪庵

鹤槎山南麓破旧的老房为香雪庵，属于清代建筑，其房屋呈阶梯式连接建在鹤槎山上。"文革"开始后，香雪庵长期作为南翔人民化工厂的办公室，墙上还挂着南翔镇槎山村老年活动中心的牌子。

你知道吗？香雪庵还曾经被拍摄进一部电影里去呢！

上点岁数的人或许还记得，上海电影制片厂在 1962 年摄制的中国大陆第一部彩色立体宽银幕影片《魔术师的奇遇》。这部电影中有一段情节是讲陆幻奇与王小六在走江湖表演耍猴的辛酸往事，拍摄地点便选在鹤槎山破败的香雪庵门前场地上。当时去围观的群众特别多，而且其中有不少人被导演临时聘请当了一回群众演员，穿上了

		主要故事情节：被国民党反动派逼出国外的魔术师陆幻奇回到上海，寻找失散已 20 多年的儿子阿毛和老友王小六。他不知道阿毛已改名为张志诚，在公共汽车上做了售票员，王小六也早已不耍猴，且当上动物园主任。在寻找过程中，祖国的种种新气象给了他深刻的感受。老魔术师万万没有想到，他不仅找到了儿子，而且还有了一个可爱的孙子，于是陆幻奇决定不再离开祖国了。
1. 交流爱国主义故事 2. 播放爱国主义老电影片段 3. 交流所了解的中国电影的发展历程 4. 欣赏《魔术师的奇遇》	 《魔术师的奇遇》	

民国时期的破旧衣裳，充当观看陈强与程之表演魔术及耍猴的观众。每位群众演员还拿到了四角钱的报酬，这事曾令当时很多人都羡慕不已。

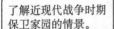 模块3：民国碉堡

香雪庵后山顶上是一座民国碉堡，据说是1949年以前国民党军队为抵挡共产党军队解放上海而建筑的。

碉堡，是一种使用木、石、钢筋混凝土建造的军事上的防御建筑物，完全或部分埋在地下以防御炮火，并作为自卫基地。常见于第一次世界大战、第二次世界大战和冷战时期。可作为指挥部、弹药库、储存库，常有地道、战壕或交通壕连接，布有机枪、大炮等，能防御上方炮火及空中攻击，填补战壕的防御漏洞，有些碉堡还可以抵御毒气和核辐射。

一起走进碉堡，展开学习活动吧——

民国碉堡

（撰稿：丁鼎）

课程实施 ————————————————————————————————

烽火硝烟熔铸爱国魂

爱国主义教育是学校教育中一项至关重要的教育主题,也是中华民族的优良传统,将爱国主义教育融汇在古猗文化的专题系列教育中,能让学生在了解学校办学内涵、传统乡土文化的同时激发爱国热情。

在以鹤槎山为主题的课程学习中,鹤槎山是本主题学习的一个重要线索,穿插着语言人文知识,自然科学知识,历史文化知识和消防安全知识,等等。在课程实施过程中,需要采取多样的学习方式,以线索式学习为主体,贯穿整个主题教学,也可穿插视频式学习、具身式学习等多种学习方式。

一、线索式学习

线索式学习是根据认知心理学中联结信息原理,将若干不同具象事物提取共同的主题或线索的学习方式,从而形成有效的记忆联动来达到高效学习目的。从元认知的角度出发,每个事物都具有许多属性,就如本节课程的主体鹤槎山为例,其中包含的景物有碉堡、香雪庵、烽火台和百年银杏树等。每个景物又具有许多属性特征,比如烽火台是古时用于点燃烟火传递重要消息的高台,系古代重要军事防御设施,是为防止敌人入侵而建的,遇有敌情发生,则白天施烟,夜间点火,台台相连,传递消息,是最古老但行之有效的消息传递方式。而碉堡则是军事上防守用的坚固建筑物,多用砖、石、钢筋混凝土等建成。它们之间所具有的共同的属性就是战争,以此为线索就可以联想到近代中国抗击侵略者的历史，摆在眼前的爱国主义教育题材。而香雪庵则在中国第一部宽幅彩色电影中出现，其中包含了老电影的属性，这就与在进行爱国主义教育时用到像董存瑞、黄继光的例子中的影视片段有着共性。抓住这一线索就能把拓展出去的视野一下子又拉回鹤槎山的主体学习中来，也能在其中让学生感受到历史与我们生活之间千丝万缕、草蛇灰线般的联系。

提到爱国主义教育，大家一定会提到那个战火纷飞的年代，在古代象征战火的就是烽火，而到了近代又在我们身边留存至今的，应该就是当年留下来的那些水泥碉堡。南翔鹤槎山上的烽火台是明朝时候留下的，主要用来抗击倭寇，结合语文课文可以讲述戚继光抗击倭寇的英雄故事，了解古人的爱国情操。

鹤槎山上留下的水泥碉堡则是抗战民国时期留下来的历史文物，在这个时期可以讲述很多抗战时期的英雄人物的故事。欣赏诸如《董存瑞》、《黄继光》之类爱国主义影视片段的时候就能显而易见地注意到这个线索，从而引出南翔的乡土历史中也有很多忠心爱国的历史故事。鹤槎山上的烽火台和民国时期留下来的水泥碉堡则是我们能够抓住的第一个线索。

❖ **案例 7-1**

教师在《走进鹤槎山烽火台》一课中，以爱国主义为主要线索贯穿其中，串接了嘉定的古代和近代历史，将教学目标设计成：1. 知识与技能：了解什么是烽火，知道烽火的作用，知道嘉定历史上与烽火有关的爱国主义故事。2. 过程与方法：通过结合乡土教材，师生共同讲述故事，感受嘉定人民深厚的爱国主义传统。3. 情感态度与价值观：通过了解故事，明白作为一名南翔人所特有的历史底蕴，激发学生的爱国热情。

教学环节	教师活动	学生活动	设计意图
【我会想】 看图联想，引入课题。	教师出示鹤槎山上烽火台的图片，请学生就看到的内容进行联想。 教师引出古代战争时期使用的烽火台。	学生交流，猜测其用处。	通过看图片进行合理的联想，激起学生的好奇心，引出课题。

续　表

教学环节	教师活动	学生活动	设计意图
【我会猜】 看图猜测烽火台的原理和作用。	教师引导学生猜测烽火台在古代战争时期的作用。	学生边交流,边讨论。	通过教师引导学生进行讨论,勾勒出古代时期战争的场景,为接下来的爱国主义教育作铺垫。
【我会说】 了解古代边关将士保家卫国的情景。	教师让学生上台讲述自己知道的古代保家卫国的英雄故事。适时加以补充和深化。	学生上讲台讲述自己知道的保家卫国的英雄故事。	通过学生讲述的耳熟能详的故事,深化爱国主义教育。
【线索延伸】 了解近现代战争时期保卫家园的情景。	教师提示:到了近代也有战争,出示近代碉堡图片。教师出示近代中国抗战片段,凸显碉堡。	学生欣赏片段。	将时间跨度延长,了解在战争时期保卫家园的不易。
【自主发现线索】 请学生再次观赏鹤槎山图片,了解其中的民国碉堡。	教师出示鹤槎山上民国碉堡图片,讲述嘉定保家卫国的故事。	学生结合乡土教材学习。	结合嘉定本土历史教材,了解嘉定的爱国主义传统,加深学生对其理解。
【线索总结】 通过教师总结,了解更多的嘉定历史。	教师小结:今天了解的爱国主义故事。	学生课外学习,图书馆查找相关书籍,地方档案馆查看县志。	让学生了解课外学习渠道,拓宽学习视野。

二、视频式学习

　　视频式学习以图、文、声、像多重刺激于一体,使学生大脑的视觉、听觉等中枢都处于兴奋状态,相关知识在大脑中就会留下深刻印象。多媒体符合人类的记忆过程,多媒体展示知识空间的联系,将知识系统化,形成网络,有利于学生对知识进行比较、加工、归纳,形成理解基础上的记忆,是一种高效的学习方式。厘清了学习的线索之后,就要引导启发学生发现事物之间线索的能力,发现式学习也由此而来,从上节的学习中很容易就能将学生引入欣赏爱国主义老电影的情境之中,利用学校的视听教室可以进行爱国主义老电影片段的欣赏课程，从剧本、表演、配音等电影元素中发现其中的爱国主义精神。

其中穿插中国电影历史的介绍，了解中国电影从无声、单机、黑白影片到高科技、大投入、环绕立体声巨幕电影的巨大变化，对电影这一行业进行科普性的知识教学，了解中国第一部彩色立体宽银幕影片《魔术师的奇遇》的片段。在出现到香雪庵片段的时候让学生仔细观察，就能从最近一系列的学习活动中发现这里的取景地方正是南翔的鹤槎山，这就是鹤槎山主题课程所能找到的第二个线索。

通过学生为主体的自主发现式学习，特别是在历史文化的教学环节中，能够让学生与那些看似早已过去的历史事件或是历史人物产生亲近感，因为是学生自主发现了自己与历史之间有着千丝万缕的联系，能够激发学生主动学习、主动探究自己所在南翔镇的丰厚历史遗产的兴趣。

案例 7-2

教师在《鹤槎山与老电影》一课中，将教学目标设定为：1. 知识与技能：简单了解电影的发展历程，知道新中国第一部彩色立体宽银幕影片，了解这部电影与南翔之间的关系。2. 过程与方法：通过学生的口头讲述感受中国电影的发展历程，通过观看电影片段，发现南翔与老电影之间的联系。3. 情感态度与价值观：在欣赏老电影的过程中，让学生体悟到电影中所包含的爱国主义情感。

教学环节	教师活动	学生活动	设计意图
【复习旧知】复习上次课时学习的爱国主义故事。	教师请学生讲述上节课学习的爱国主义故事。教师请学生上台讲述课外读到的爱国主义故事。	学生上台讲述故事，复习上次课时学到的知识。	通过复习旧知引出新知，同时也能帮助学生加深了解本次主题课程中的线索。
【引出新知】继续欣赏几个爱国主义老电影片段，从而引出本堂课教授的主要内容。	教师播放几个爱国主义老电影片段。教师讲述这些电影的来历。	学生观看电影片段。学生讲述自己知道的电影的来历。	通过老电影自然而然地引入本节课的学习。

续　表

教学环节	教师活动	学生活动	设计意图
【我会说】 说说自己了解的中国老电影。	教师请学生讲述自己知道的中国老电影。 教师向学生介绍中国电影的发展。	学生讲述自己知道的中国电影的历史。	通过学生和老师讲解两条线，互为补充，让学生了解中国电影的发展历程。
【发现线索】	欣赏中国第一部彩色立体宽银幕影片《魔术师的奇遇》的片段。	学生仔细观察发现线索，感受这部电影中的取景地就有南翔的鹤槎山。	在课堂学习中发现系列学习的线索，让学生感受到自己与历史之间千丝万缕的联系。
【小结】	教师讲述鹤槎山的历史，让学生了解到鹤槎山的丰富内涵。	学生实地探访鹤槎山。	经过老师讲解，在课外时间实地探访鹤槎山，有利于加强自己与南翔这片土地的认同感和血脉联系。

三、具身式学习

具身式学习是一种通过加强生理体验来激活心理感觉，使得学生得到更好学习效果的学习方式。具身式学习给予学生更多的动手机会，从中所获得的知识也就更加深刻。烽火在很多古代诗歌中出现，但是大多数学生都不知道烽火具体是什么样的，这就是在鹤槎山这一课程实施中所能够抓住的第三个线索。将烽火与自然科学实验相结合，通过学生自己动手实验，了解点燃不同的物质所产生的不同颜色的火焰，来了解烽火的原理。在学生实验体验的过程中还能够警醒学生火灾的可怕，帮助学生普及火灾时候逃生的注意事项。

具身式学习中掺杂了大量物理、化学知识和生活常识，通过自己亲身体验物理化学实验的过程，让学生能够更加直观地了解到身边的物理化学现象，感受自己在书本上学到的知识和自己实际生活之间的联系，能让学生在动手体验的同时更好地将这些知识记在心中，也能够让学生在平日的学习热情更加高涨。

◆◆ **案例 7-3**

教师在《焰色与烽火》一课中,将教学目标设定为:1.知识与技能:知道烽火的基本特点,了解点燃烽火所具备的条件。2.过程与方法:通过亲身实验点燃烽火,熟悉实验室的操作流程,感受烽火点燃时候的情景。3.情感态度与价值观:亲身实验更加能够让学生感同身受在古代有敌情时点燃烽火的场景,增强学生的爱国意识,同时也能够加强防火安全教育。

教学环节	教师活动	学生活动	设计意图
出示烽火台和点燃烽火的图片,复习烽火台的作用。	教师出示烽火台点燃烽火的照片,请学生自己观察硝烟的特点。	学生讲述烽火台的作用。学生仔细观察硝烟特点,并加以说明。	烽火学生基本没有见过,看见图片能够激起学生探究的好奇心。
学习实验室守则。	教师带领学生学习实验室守则。	学生认真学习并朗读实验室守则。	了解实验室规范,加强学生安全意识。
体验点燃微型烽火。	教师示范实验步骤。教师观察学生实验,并实时纠正学生的错误。	学生仔细观察老师实验步骤和注意事项。学生进行实验。	亲身体验点燃烽火,加深对烽火的了解,同时也学到许多自然常识知识。
讨论实验心得。	教师请学生上台讲述烽火的特点,与如何点燃烽火。教师适时予以补充。教师完整讲述点燃烽火所具备的条件。	学生上台讲述如何点燃烽火。	结合自己了解的知识,把知识和实践结合起来,加强学习效果。
拓展延伸。	教师讲解火焰在日常生活中的危害,说明火灾时逃生知识。	学生在周五安全演习时演练学到的逃生知识。	加强安全教育,让学生习得更多保护自己生命安全的技能。

(撰稿:严悦)

课程评价 ——————————————————————————————————

让历史点燃学习热情

历史是一个国家发展的见证,是教育发展的见证,也是学科发展的见证。学校教育可以从历史入手,让学生多方位、多角度了解知识。教师可以借助历史来唤醒学生的学习兴趣,点燃学生学习的热情。学校的古猗文化校本课程就是学生与历史的衔接,通过从不同角度来认识鹤槎山,采取多方位的评价机制,让学生更加了解鹤槎山的历史,了解鹤槎山的现实意义,从而培养学生的学习热情。

一、评价内容

根据课程目标,结合学生的学习情况、生活实际和学习兴趣,我们确立了烽火台、香雪庵、民国碉堡三个方面的主题探究模块。教师在教学过程中依据学生的不同表现进行有针对性的评价,采用多种评价方式让校本课堂鲜活灵动,充满活力。

二、评价维度

校本课程的评价,应该以学校课程的资源为基点,以开发和实施过程为主线,以学生发展为目的。既要评价校本课程开发的程序和内容,又要评价教师和学生在课堂评价过程中的行为和体验,还要评价校本课程作为教育信息评价载体在学校发生的作用。这就要求我们要对学生做出全方位的评价,让学生真正体会到古猗文化课程的乐趣。

（一）关注知识目标：以历史为导向，学习新知识

以烽火台、香雪庵、民国碉堡三个方面的主题探究模块为基点，了解鹤槎山的由来，认识烽火台的功能和历史，阅读建筑背后的历史故事，知道烽火台之间通信的原理。在以鹤槎山为主题的课程学习中，鹤槎山始终是这一主题学习的重要线索，穿插进语言人文知识，自然科学知识，历史文化知识和消防安全知识，等等。

（二）关注能力目标：借助已有线索，培养动手能力

如果课堂上给予学生更多自然科学实验的机会，相信一定会提高学生的动手实践能力，记忆也就越深刻。烽火在古代诗歌中经常出现，但是大多数学生都不知道烽火具体是什么样的。本课程中将烽火与自然科学实验相结合，通过学生自己动手实验，了解点燃不同的物质所产生的不同颜色的火焰，知道含碳量高的物质在不充分燃烧的时候会产生大量的黑色烟雾，这就是点燃烽火的原理。通过有趣的自然科学实验吸引学生的注意力，提高他们的动手能力。

（三）关注情感目标：明白建筑含义，熔铸爱国情感

爱国主义教育是学校教育中一项至关重要的教育环节，对于学生来说有着强大的号召力，也是中华民族的优良传统，将爱国主义教育融汇在古猗文化的专题系列教育中，能让学生在了解学校办学内涵，传统乡土文化的同时激发学生的爱国热情。带领学生一起走进鹤槎山，一起研究鹤槎山，让学生明白保护历史建筑的意义，既是为了保护历史文化，也是为了保存研究历史的实物例证。

三、评价方法

新课程评价关注学生的全面发展，不仅仅要关注学生的知识和技能的获得情况，更要关注学生学习的过程、方法，以及相应的情感态度和价值观等方面的发展。只有这样，才能培养出适合时代发展需要的身心健康、有知识、有能力、有纪律的创新型人才。合理采用教学形式，充分体现出自主、合作与探究性。运用灵活多样的教学评价方法，体现兴趣导向，注重教学过程中学生能力的培养。

（一）嵌入式评价

学习是永无止境的，一个知识点往往可以举一反三，学到更多的知识。在校本课程探究活动中，不同学科的教师抓住教材中的共通点，进行有益的整合。教师们根据教学当中的实际情况，灵活运用多种评价方法，对学生在课堂中的表现做出及时评价。

如在学习《香雪庵》这一模块时，由于香雪庵在中国第一部宽幅彩色电影中出现，其中包含了老电影的属性，这就与在进行爱国主义教育时用到像董存瑞、黄继光的例子中的影视片段有着共同的属性。所以教师鼓励学生收集爱国主义影片资料，拿出影片中的片段进行共同欣赏，激发学生的爱国主义情怀。在共同欣赏的过程中，各科教师作出以下评价：

学科	学生活动	评价
语文	朗读爱国主义诗歌。	分为四个小组，小组之间举行朗读比赛。评出 1 个一等奖，1 个二等奖，2 个三等奖。
英语	欣赏国外英雄主义影片，对比国内爱国主义影片的不同。	概括准确者获得"影视小达人"称号。
品德与社会	谈一谈董存瑞、黄继光等英雄给你的启示。	积极踊跃者获得"爱国勇士"小奖章。
美术	根据电影中的片段，画一画印象中的香雪庵。	根据作品进行等级制评价，如作品非常好是 A、很好 B、较好 C、一般 D。
信息技术	查阅信息，做电子小报。	电子小报评比，给优秀的电子小报制作者颁发奖状。

（二）交流式评价

校本课程要引导启发学生发现事物之间线索的能力，学会运用所学的知识互相交流，指导生活实践。与此同时，教师也要对学生交流出来的知识进行跟踪评价，拓宽知识层面。

如在学习《烽火台》模块时，由烽火台这个线索联系到了爱国主义电影，教师在学校的影音教室对爱国主义片段进行影视欣赏，在欣赏的过程中互相交流感受，引起共鸣。其中穿插中国电影历史的介绍，学生们通过分享交流了解中国电影从无声、单机、黑白影片到高科技、环绕立体声巨幕电影的巨大变化，对电影这一行业有新的认识。在观看新中国第一部彩色立体宽银幕影片《魔术师的奇遇》的片段时，设计评价题目："比比谁的眼睛亮"，在出现香雪庵片段的时候让学生仔细观察交流，就能从最近一系列的学习活动中发现这里的取景地方正是南翔的鹤槎山。

（三）体验式评价

鹤槎山位于南翔镇，学校也位于南翔镇，大多数学生也是居住在南翔镇，这就为我们的学习提供了便利条件，教师利用课外实践活动的时间带领学生到鹤槎山参观。对烽火台、民国碉堡进行细致观察。

在体验的过程中让学生了解碉堡的设计构造对战斗有哪些帮助？一座碉堡需要配备几名士兵？建造一座碉堡需要耗费多少时间金钱？这座碉堡最后投入到战斗了吗？如果有，那么共产党军队是如何攻打下来的？为什么这座碉堡到目前为止看上去都保存得很完好？在学生学习的过程中，根据掌握知识的程度进行有效体验式评价。

鹤槎山探究活动学习记录卡

班级：　　　　　姓名：　　　　　学号：

活动名称			
活动时间		活动方式	
活动地点			
活动目的			
活动成果			
评价方法		收获	疑问
自我评价			
同学评价			
专家评价			
指导老师评价			
评定等级			

（四）成果式评价

经过一段时间的学习，学生对鹤槎山已经有了一定的了解，并对与鹤槎山相关的知识有了初步的涉猎，可以形成有效果的成果展示。

比一比	赛一赛	画一画	做一做
鹤槎山上留下的水泥碉堡是抗战民国时期留下来的历史文物，在这个时期讲述了很多抗战时期的英雄人物的故事，欣赏了诸如《董存瑞》《黄继光》之类爱国主义影视片段。学生可以把欣赏影视片段后的感受记录下来，教师批改后选取优秀作品在班级内朗读，给写作者以表扬和鼓励。	欣赏了这么多影视片段，学习了有关鹤槎山的历史，亲自动手做过自然科学实验，了解了点燃不同的物质所产生的不同颜色的火焰，相信学生一定有很多感受和想法要和同学一起分享。先在小组内讨论总结，最后每小组派代表在全班总结。评选出优秀学习小组。	通过实地考察鹤槎山，学生已经对鹤槎山的外形结构、建筑特点和景物构造了如指掌。回学校后可以组织学生画一画鹤槎山，可以是鹤槎山的全景，或者是单一的烽火台、香雪庵、民国碉堡。采用投票的形式评选出优秀作品挂在教室里，是一种无形的鼓励。	课堂的教学效果就是要在学生掌握了知识以后培养学生的动手能力，能够自己完成相关作品。学习民国碉堡这一模块时，在了解碉堡的外形、用途和历史事件的基础上，鼓励学生在参观后动手制作，试着用超轻土捏出碉堡的造型，然后进行班级展示活动，让学生在动手做中快乐地学习。

评价，让学习更有效、更快乐。相信同学们在本单元的学习中可以了解鹤槎山的历史，领略南翔古镇的魅力，感染英雄的气息，感受生命的精彩与博大，让课堂鲜活、生动，更有趣。

（撰稿：佟雪）

第8章　学习就是与世界打交道

文化总与教育相伴而生、相伴而长。在开放宽松的环境下,自主发现南翔古镇文化遗迹中感兴趣的问题或课题,既独立又合作地进行探索和研究活动,在探究活动的过程中获得知识和体验。这个过程是知识、能力、方法、态度和价值观等多方面的融合,既包括发现问题、探究问题、解决问题的能力,又富有批判性思维等"认知性素养",同时还在自我管理、组织能力、人际交往等"非认知性素养"上有所提升。

✥ **文化坐标**
　　五代砖塔,秀美多姿

✥ **学程设计**
　　探访南翔寺砖塔

✥ **课程实施**
　　共同见证五代砖塔的史书

✥ **课程评价**
　　让体验渗透学习全过程

文化坐标 —————————————————————————

五代砖塔，秀美多姿

南翔寺双塔，又称南翔寺砖塔，位于上海市嘉定区南翔镇人民街和解放街的交叉口，建于五代至北宋初年，是全国仅存的一对年代最悠久的方木结构楼阁式砖塔，七级八面，高 11 米，全部砖制构件外观模仿江南木结构楼阁式宝塔。南翔寺砖塔既是上海古塔中的老寿星，也是我国砖塔中的珍品。

一、历史与传说

南翔寺砖塔的历史源远流长，据清嘉庆《南翔镇志》表述："两塔前人记载、题咏俱不来之及，不知建于何代。"又曰"双塔岿然双峙，千年物也，"意即建于千年之前的五代至北宋初年期间。政府亦组织过文物专家鉴定，亦认可双塔为五代时的建筑。一般我们去寺庙参观的时候，不知道你有没有注意，很多寺庙一般都有"塔"这类建筑，这又和藏传佛教的发展历史有关。三国、两晋佛教普遍流传后，南北各地均出现大量寺院，当时的寺院建筑布局多与大型宅第衙署相似，但寺院建筑布局的主要特征就是有"塔"，南翔寺砖塔也不例外。相传南朝梁天监年间（502—519），有农民垄地得一石，常有两鹤飞来仁立石上，有借人募化建寺，寺成后鹤南飞而不复返，故南翔寺也由此得名，这两座塔就在南翔寺寺院内。南宋绍定年间（1228—1233）改名云翔寺（现在的留云寺）。清乾隆三十一年（1766）正月，报济桥旁民居失火，殃及南翔寺。寺院里其他建筑尽焚毁之，而双塔幸存。这仅存的两座砖塔名为南翔寺双塔（又称南翔寺砖塔），后因年久失修,塔身风化严重,塔基淹没于离地面 1 米深处,塔身面砖酥成粉末,斗拱、腰檐、平座所剩无几,塔刹、相轮全无影踪。好在自 20 世纪 70 年代始,当地政府召集专家通过资料考证、实地测绘、动迁居户,于 1985 年正式动工修缮,1986 年底竣工,历时近两年。

当年修缮双塔时,镇文化馆考证人员为了让塔身尽量恢复原貌,还对民间老人进行了访谈,意外收获了很多关于双塔的传说。有一个传说非常形象,所以记忆特别深刻。据说南翔镇的解放街是南翔镇的龙脉之地,老人描述道:香花桥是龙的嘴,香花桥下两边的萧梁古井是龙的双眼,而后面两侧的双塔就是龙角,解放街一直延伸至共和街方向就是蜿蜒的龙身,连接解放街两侧的四条弄堂就是龙的四爪。

(南翔寺砖塔)

二、风格与特色

藏传佛教的盛行把佛塔传入了中国，佛塔的结构形式也慢慢发生了变化，逐渐与中国的楼阁相结合，形成平面方形木构楼阁式塔，这是南北朝最通行的一种形制。除楼阁式塔外，尚有单层砖石塔和密檐多层砖塔，如河南登封嵩岳寺塔，是中国现存最早的砖塔；西安荐福寺小雁塔，平面方形，密檐式 15 层塔（现存 13 层）。而南翔寺双塔可谓是南翔镇的镇镇之宝，在上海也算得上古塔的"前辈"了。塔上有百岁老人苏局仙题"南翔双塔"。千年古塔的重新修复，为古镇南翔增添了古文化的光辉。双塔均为七级八面，高 11 米，全部砖制构件，外观模仿江南木结构楼阁式宝塔。塔的外观十分秀丽，近而观之，可见其表小巧玲珑，细腻精致；远而赏之，亦觉其神，亭亭玉立，霞光掩映。

砖塔的整体与细节

双塔晴霞

南翔寺双塔曾是"南翔八景"之一,名为"双塔晴霞"。双塔亭亭峙立,晚霞掩映,如杭州雷峰夕照之景。难怪有说法,双塔是全国完好仅存的一对年代最悠久的仿木结构楼阁式砖塔。

三、了解与延伸

五代的双塔是砖塔里的代表,其实目前现存的砖塔还有很多,下面让我们再来了解一些其他有特色的砖塔吧!

(一)杭州雷峰塔

杭州西湖南岸的雷峰塔,北宋太平兴国二年(977)吴越国王钱俶所建,南宋庆元年间重修,八面五级,砖砌塔身,外建木构楼廊。清末民初,盛传雷峰塔砖具有"辟邪"、"宜男"等特异功能而屡遭盗挖,民国十三年(1924)9 月 25 日轰然倒塌。我们现在见到的雷峰塔是 2002 年重建后的样子,可以登顶一览西湖美景。

西湖雷峰塔

(二)盘山定光佛舍利塔

蓟县盘山定光佛舍利塔,花岗石须弥座之上,是三层砖雕仰覆莲花和砖砌塔身,塔身无门,不能入内。在天成寺大殿西侧,辽天庆元年(1111)建,八角密檐式,高 22.63 米。塔基为通体饰淡黄色,与天成寺、翠屏峰遥相呼应。

盘山定光佛舍利塔（图片源自网络）

（三）海安镇安平桥头白塔

福建晋江海安镇安平桥头白塔，砖砌楼阁式，南宋绍兴八年（1138）建。高 22 米，六面五级，塔檐叠涩出挑，各层角作倚柱，塔身中空，有梯可达塔顶。

晋江海安镇平桥头白塔（图片源自网络）

据统计砖塔在各类塔中留存的数量最多，这是由砖的材料性质所决定的。砖塔的主要材料砖是由黏土烧制，其在结构上的耐久性和稳定性与石材接近，远胜于夯土和木材,又具有易于施工的特点,可以相对轻易地砌出各种造型并进行雕刻。明清两代,制砖工业迅速发展,各类砖塔大量涌现,以至于难以见到其他材料建造的高塔了。

虽然砖的性质非常适合,但是由于木材在中国传统建筑中的主流地位,砖塔外观大多模仿木构,斗拱梁柱枋椽额一应俱全,这样的做法美则美矣,却不能充分发挥砖材本身的优势,实际上已经成为筑塔技术的一种限制。在塔的内部,多采用乱砌法,即砖在塔心随意堆积,但是为了保证结构坚固和美观,塔身表面的砖块则须有序砌筑,一般采用长身砌或长身丁头砌两种技法。

塔砖之间的粘合材料也是对砖塔稳定性产生很大影响的因素,唐代砖塔多以黏性稍差的黄泥为灰浆膏,宋辽以后在黄泥浆中加入一定的石灰和稻壳,使其黏合力有所增加。从明代开始,砌塔全部使用石灰浆膏,使得明、清塔的稳定性有极大提高。虽然稳定性好了,但在砖塔的缝隙处容易长出杂草和树木,根系深入塔身后会逐渐破坏塔身的结构,严重的导致砖塔的坍塌。

（撰写：殷莉华）

 学程设计

探访南翔寺砖塔

通过了解古塔的源流、古塔建筑发展史,我校重点设计了"探访南翔寺砖塔"的课程。围绕南翔寺砖塔的历史、结构特点,在对比其他古塔的学习过程中,感受中国文化的历史渊源。

一、课程图谱

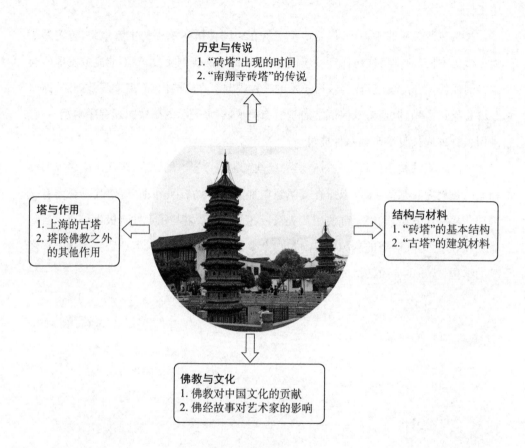

历史与传说
1. "砖塔"出现的时间
2. "南翔寺砖塔"的传说

塔与作用
1. 上海的古塔
2. 塔除佛教之外的其他作用

结构与材料
1. "砖塔"的基本结构
2. "古塔"的建筑材料

佛教与文化
1. 佛教对中国文化的贡献
2. 佛经故事对艺术家的影响

二、课程目标

1. 探究南翔寺砖塔，认识砖塔的建筑之美。阅读建筑背后的历史故事，感受唐宋建筑风格，感悟保护民族文化遗产的热情和智慧。

2. 探究古塔的发展，了解各类塔的特点，感受人们建塔的不同目的，产生热爱文物、民族自豪之情。

3. 知道中国文化与古印度文化,知晓文化的差异,并感受外来文化中国化的过程。

三、课程内容

❖ 模块 1: 南翔寺砖塔的历史与传说

南翔寺砖塔,是就其结构而言的称呼,严格意义上讲应该为南翔云翔寺塔,或者是南翔寺双塔。因为,双塔本来就是古白鹤南翔寺即后来云翔寺的建筑组成部分。

在我国早期的古代建筑物中有楼有阁,有台有榭,有廊有庑,有民居有桥梁有陵墓,唯独没有塔。塔原本产生于印度,是佛教的一种建筑物。中国古塔是由佛塔转化而来的。在公元一世纪的东汉时期,随着佛教的传入,古印度的塔也随之传入我国,并与我国固有的建筑形式和民族文化相结合,有很大的变化和发展。我国最早的佛塔是建于东汉永平十一年(68)的洛阳白马寺塔。

探究问题 1: 我国最早的塔源自哪个朝代?

南翔寺砖塔位于南翔人民街、南翔解放街交汇处,是上海古塔中的老寿星,也是我国砖塔中的珍品,建于五代至北宋初年,原建在白鹤南翔寺山门内两侧。相传南朝梁天监年间(502—519),有农民垒地得一石,常有两鹤飞来伫立石上,有人借募化建寺,寺成后鹤南飞而不复返,故名南翔寺,镇也由此得名,南宋绍定年间(1228—1233)改名云翔寺。清乾隆三十一年(1766)一场大火将古寺烧的荡然无存,唯独砖塔劫后余生,为南翔古镇最古老的地面文物。

古塔历经沧桑,已是岌岌可危。1982 年根据古塔尚存的构件和痕迹,以及地下清理的点滴实物,参考大量文献资料,终于勾画出古塔复原方案。现新生的双塔,七级八面,高11米,全部砖制构件外观模仿江南木结构楼阁式宝塔。塔上火焰形的壶门,简朴的直棂窗,精巧的斗拱,细腻的栏板和秀挺的塔刹,表现了典型的唐宋建筑风格。

探究问题2：我们现在看到的南翔寺砖塔是怎么形成的?

说一说：如果你的小伙伴来南翔游玩,你能将南翔寺砖塔简单介绍给他吗?

模块2：南翔寺砖塔的材料与结构

探究问题1：你知道南翔寺砖塔的建造材料吗?

我国的古塔虽然种类繁多,其建筑材料和构成方法也不尽相同,但是,这些古塔的基本结构却是大体一样的。古塔由四部分组成：地宫、塔基、塔身、塔刹。

如今南翔寺一对砖塔东西对峙,造型一致,矗立于古镇中心。塔为砖砌仿砖木楼阁式,平面八角形。塔置于青石板之上,修复抬高时增加了混凝土基础。砖砌塔身,每层朝不同方向设壶门四个,其余四面砖雕盲窗。砖雕仿木斗拱,外挑飞檐,除一层以外均设砖雕仿木平座、回廊。顶部八脊封檐,上置覆钵、刹杆、相轮、宝盖、宝瓶组成的塔刹,与塔身风格协调。用一个通俗的说法,这对砖塔就是沪上砖木楼阁式塔的砖雕微缩版,只是不具备登塔望远功能罢了。特别是塔身上火焰形的壶门,简朴的直棂窗,精巧的斗拱,细腻的栏板和秀挺的塔刹,更彰显其建造工艺的高超。

探究问题 2：用纸和笔画一画南翔寺砖塔的造型。

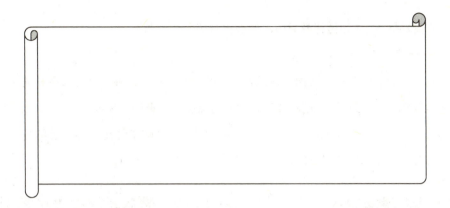

✦ **模块 3：其他古塔及其作用**

佛塔一般建在寺院里，个别的塔在寺院的外侧。凡是历史悠久的古老寺院都建有塔，所以有"有塔必有寺"之说。塔作为一种宗教建筑出现后，其作用最初主要局限在佛教使用，分佛塔、法塔和僧塔，但随着塔本身的世俗化，塔的作用也逐渐向其他领域扩展。另外，由于塔这种建筑本身在建筑层面上相对于其他形式东方传统建筑的特殊性，因而衍生出很多实际的用途。

探究问题 1：古塔还有哪些作用？

探究问题 2：查阅资料，上海还有哪些古塔，并记录下来。

模块 4：佛教与文化

探究问题 1：你知道佛教对中国的文化有哪些贡献吗？

1. 建筑

许多佛教建筑已成为我国各地风景轮廓线突出的标志。在一片郁郁葱葱之中，掩映着红墙青瓦、宝殿琼阁。精巧的佛教建筑为锦绣江山平添了无限春色。敦煌、云冈、龙门等石窟则作为古代雕刻美术的宝库举世闻名，它吸收了犍陀罗和印度的特点，而发展成为具有中国民族风格的造像艺术，是我国伟大的文化遗产。

（龙门石窟）　　　　　　　　　　　　（莫高窟）

探究问题 2：佛经故事你听过吗？小组中说一说。

2. 绘画和音乐

佛经中的动人故事常常成为艺术家们绘画的题材，曹不兴、顾恺之、张僧繇（yóu）、展子虔、阎立本、吴道子等历代名画家皆以擅长佛画而传世。中国画学中由王维一派的文人画而发展到宋元以后盛行的写意画，则与禅宗思想有关。由此可见佛教对绘画艺术所起的作用。至于音乐方面，公元三世纪，中国已有梵呗的流行。唐代音乐又吸收了天竺乐、龟兹乐、安国乐等来自佛教国家的音乐，唐代音乐至今还有少部分保存在某些佛教寺庙中。

（撰写：朱凤）

课程实施 ─────────────────────────────

五代砖塔的探索之旅

五代砖塔的课程实施倡导学生主动参与、乐于探究、勤于动手。将学生带到室外，亲近历史建筑，观察并体会五代砖塔的玲珑秀丽，了解五代砖塔的历史来源。培养学生收集和处理相关信息的能力、在探索过程中遇到问题学会分析和解决的能力，以及在探索活动中与小伙伴交流与合作的能力等。

一、整合式学习

学生围绕砖塔特色，与语文、美术等学科有机整合，通过与各个学科的教学目标要求相整合，引导学生较为全面地了解砖塔的历史之美和建筑之美。

与语文学科整合：围绕五代砖塔的由来，了解佛教及其建筑的历史与文化，并由此延伸到历代文人墨客在名塔中的楹联诗词进行拓展学习。

与美术学科整合：砖塔外观模仿江南木结构楼阁式宝塔，外观十分秀丽。通过对楼阁式砖塔的美学研究，认识砖塔的建筑之美。

与自然学科整合：了解塔的作用和建造特色，以及由砖塔的材料结构，研究各类建筑材料的基本特性和使用方法。

❖❖ 案例 8－1

教师在《五代砖塔之建筑特色》一课中，与自然学科相整合，将教学目标设定为：

1. 知识与技能：通过学习，认识塔这一古建筑的起源、作用及建造特色。

2. 过程与方法：以五代双塔为例，启迪学生体悟古塔在建筑学、文学、美学、佛学领域的价值。

3. 情感态度与价值观：激发学生的热爱、保护文物之情，产生地域自豪感。

教师设计的实施过程如下：

教学环节	教师活动	学生活动	设计意图
观察阅读揭示课题	1. 师：（看图）谈话，引出并板书课题。 2. 过渡：为了了解五代砖塔的峭拔之美，我们将在学习目标的指引下前行。	学生欣赏图片。	通过欣赏图片的方法，激发学生的学习兴趣。
出示目标明确方向	1. 师讲述目标：了解砖塔这一古建筑的起源、作用及建造特色。 2. 出示自学指导：根据所给材料，认识塔的起源、作用、特色。	1. 学生阅读材料、思考。 2. 交流。	通过老师提供的材料，了解基础知识。
先学后教深入内容	1. 询问学生自学收获，教师指名学生回答，评价并板书要点，体悟塔的起源、作用、特色。 2. 随机补充五代双塔的故事及传说。	1. 四人小组讨论。 2. 对研究的内容进行梗概。	通过小组讨论，达到以强带弱，提高学生的自主探究和学习的能力。
总结拓展延伸所学	1. 教师出示"中国四大名塔"，学生触目动心，产生热爱文物、民族自豪之情。 2. 过渡：用"我看到……想到……"的句型谈感受。	1. 交流感受。 2. 知识拓展。	通过知识拓展延伸，激发学生的自豪感。
评一评（根据课堂表现给自己打星）	1. 组织学生根据自己在课堂上的表现，从以下几个方面进行自评： ① 我了解五代双塔的历史。 ② 我了解其塔的起源、作用、特色。 ③ 我了解中国名塔。 2. 给课堂表现积极且得到所有星星的小朋友发"你真棒"的章，以示鼓励。	1. 根据自身课堂表现，在书上给自己打星。	通过评价，使学生了解自身的学习状况；使老师更直观地了解课堂成效。

二、搜索式学习

搜索式学习是指在教师的指导下，学生有目的地通过网络等媒体搜索需要的信

息,并按照需要进行整理和分析,学习相关内容的知识。学生的搜索式学习使学习的
过程更便利、更迅捷,有利于提高学生获取知识的速度和广度,更加丰富解决问题的
方法。

◆◆◆ **案例 8 - 2**

教师在《五代双塔简介》一课中,将教学目标设定为:

1. 知识与技能:知道双塔是"南翔八景"之一,知道双塔的由来和历史。

2. 过程与方法:通过上网查询、实地问询等形式,让学生自主探究双塔。

3. 情感态度与价值观:通过搜索学习,对双塔有更多了解,激发起学生热爱家乡
的情感。

教师设计的实施过程,如下:

教学环节	教师活动	学生活动	设计意图
课前准备	查一查:塔的由来历史。 问一问:双塔的历史传说。	我来查一查: 1. 上网查询:塔的由来和历史。 2. 实地走访:双塔的历史和传说。	让学生自主探究双塔,激发学生的学习兴趣和主动性。
谈话引入	聊一聊,说说你知道哪些有名的塔? 引入五代双塔。	说说自己知道的名塔。	从学生已知的引入,引起学习兴趣。
通过简介,知道双塔的概况。	介绍双塔,知道五代双塔位于云翔寺外,是"南翔八景"之一。	和同学简单介绍一下双塔的概况。	通过说一说的方法让学生对双塔有初步了解。
了解双塔历史。	请向大家介绍一下你查到的五代双塔的历史和由来。	学生交流。	交流搜索式学习成果,进行说话训练。
了解双塔特色。	小组展示搜索到的双塔图片,了解双塔风格与特色。	学生小组展示。	通过展示,汇报成果,激发学生的积极性。
作业布置	利用双休日,和家人一起去探游双塔,与大家分享照片里的故事。	课后探游双塔,拍照并分享故事。	通过课外实践活动,丰富课外活动经历,对双塔有进一步了解。

三、行走式学习

行走式学习指学生在教师的指导下通过行走的方式置身于学习对象中,感受一草一木,体验周边环境,学习与之相连的知识,从中获得感悟的一种学习方式。在行走之前,老师应该有前期的教学铺垫,让学生有任务、有目标地行走,丰富学生的学习体验。行走后,要给学生搭设一个平台和空间,交流行走中的收获,提出问题,延伸课堂的长度。

❖ 案例 8-3

教师在《我眼中的双塔》一课中,将教学目标设定为:

1. 知识与技能:实地探寻双塔,了解双塔,丰富学习经历,拓展学习内容。

2. 过程与方法:通过实地走访等形式,深入学习体验。

3. 情感态度与价值观:通过对双塔的探访,激发学生热爱家乡的情感。

教师设计的实施过程,如下:

教学环节	教师活动	学生活动	设计意图
课前准备	课前带学生一起了解双塔的历史、风格与特色。	搜集、了解、研究、学习。	对双塔有一定的了解。
探寻双塔	带领学生探寻双塔,探讨交流。	学生分小组探游双塔,讨论自己对哪个特点最感兴趣,理由是什么?	进一步了解双塔。
游戏:我是小导游	组织游戏:我是小导游,向游客介绍双塔。	参与游戏,介绍双塔。	在游戏中激发兴趣,巩固所学。

五代砖塔的课程实施通过整合式课程、搜索式学习、行走式学习,培养学生学习、分析和解决问题的能力,以及交流与合作的能力。让学生在参与、探究的过程中了解五代砖塔的历史来源,感悟砖塔文化。

(撰写:田雅丽)

课程评价 ————————————————————————————————

让体验渗透学习全过程

南翔寺砖塔,曾被政府组织的文物专家鉴定为五代时的建筑,因此亦可被称为五代砖塔。它作为"南翔八景"之一,是学校古猗文化校本课程的重要组成部分。因此在课程评价时,不仅要结合办学理念以及课程目标,更要协调五代砖塔与语文、美术、自然等学科知识的融合、渗透,整合校内与校外、课内与课外的各项资源,让学生在主题探究活动中不仅能增长知识,拓宽眼界,更能锻炼能力,开发潜能,获得快乐、成功的学习体验。

一、评价内容

基于本专题的课程特点,结合课程实施和学程设计,我们将南翔寺砖塔的学习分为溯源南翔砖塔历史、探寻古塔传说、揭秘砖塔建筑结构和材料、了解与古塔密切相关的佛教文化等四个模块。教师要关注学生学习的过程,针对每个模块的课程目标,及时对学生各方面的学习情况进行评价。

二、评价维度

校本课程的评价既要关注对教师课程方案的评价,更要关注对学生学习情况的评价,主要指对学生学习兴趣与参与态度、学生认知与技能、学习方法与思维习惯的养成、学习成果等方面进行评价。

（一）关注知识技能目标

根据课程图谱的设置，围绕"古塔的历史与传说、结构与材料、塔与作用、佛教与文化"等四个板块，以学生感兴趣的问题为主题，进行探究实践活动。它强调校本课程与语文、自然、美术等不同学科知识学习的相互融合，关注学生对南翔寺砖塔知识层面了解的进一步提升，鼓励和培养学生在学习中尝试运用多种学习方法，提升自己收集和处理相关信息的能力，遇到问题时分析和解决的能力，以及与同学交流与合作的能力等的提升，从而实现不同学习阶段、不同学科课程的相互配合，提高教学的实效。

（二）关注过程方法目标

古猗文化校本课程的学习让学生的学习不局限于传统的课堂、教师、教材三中心，而是立足整个课程理念，以学生、活动和经验为中心。教师不能一言堂，而应积极创设各种科学、有效的活动，鼓励学生走出课堂，去亲近历史建筑，实体探访、考察南翔寺砖塔，倡导学生主动参与、乐于探究、勤于动手。整个学习过程都尊重儿童对学习过程的体验，将校内校外的学习相结合。关注学生在学习过程中的兴趣、态度，引导学生学习并掌握好的学习方法。

（三）关注情感态度价值观目标

古猗文化校本教材旨在引导猗小学生认识、热爱南翔的历史和文化，并能将它传承和光大，因此，课程评价不应过度关注知识层面的认识，而应最终落实到情感态度价值观层面。关于南翔寺砖塔部分的学习，要让学生在了解、欣赏南翔寺砖塔后，阅读砖塔建筑背后的历史故事，体会古塔在建筑学、文学、美学、佛学领域的价值，并感悟上海人民保护民族文化遗产的热情和智慧，从而激发学生对于建设美好南翔的热情，提升学生对家乡及乡土文化的认同和喜爱，产生地域自豪感。

三、评价方法

在五代砖塔主题探究的学习过程中，我们对学生的评价主要采用嵌入式、分享式、团队式、展示式等多种评价方式，评价关注学生学习的兴趣、能力、情感态度、学习成果等方面，让评价的内容多维度，评价的主体多元化，将评价贯穿学生的整个学习过程。

（一）嵌入式评价

校本课程和其他课程相互融合，在探究活动中，不同学科的教师善于把握各门学科的联系，进行合理的整合，并在教学中对学生的学习给予科学的评价。教师在《五代砖塔之建筑特色》一课中，与自然学科相整合，不仅让学生了解塔的作用和建造特色，还鼓励学生研究砖塔的材料结构，各类建筑材料的基本特性和使用方法等。根据学生对砖塔的建筑特色、材料结构的了解程度进行等第评价。

语文课则可以带领学生分小组，搜集并整理我国历史上与砖塔有关的古诗词，从中找到砖塔的象征意义。对学生的评价就集中在学生的学习参与度，搜集到的古诗词数量，以及通过古诗词对砖塔的了解程度几方面来进行。

美术课则可以让学生实地探访、仔细观察南翔寺双塔，并通过写生、素描的方式让学生把砖塔在不同季节不同时候的各个角度和风貌画出来。这样，校本课程融合在多学科的教学中，评价维度更丰富。

（二）团队式评价

校本课程依托乡土资源和地方文化，因此学习的方式灵活多样。在进行"五代砖塔"主题的学习时，结合内容特点，教学更不能局限于课堂，教师要带领在课前搜集整理资料，课程中让学生实地走访、探究、调查、讨论，最后交流学习成果，显然，这项系统的学习需要同学们的团结合作。因此，我们通常倡导小组学习，不同成员各司其职，做好自己负责的部分，通过分工和合作，让小组学习最优化。

在评价时，把一个个小组当成一个个小集体，不针对个人，而是对整个小组的总体表现进行评价。评价的主体是多元的，不仅有来自老师的评价，还有小组间的评价，组员间的相互评价，再根据各项评价得出最终的综合评价。评价时，可以结合班级的"小组争星"、"小竹节星星榜"等实物评价。

（三）展示式评价

学生在学习过程中肯定会有很多收获，而智慧的教师一定要给学生充分展示和表现的机会，以此认可学生的学习，进而激发学生继续学习的动力和兴趣，挖掘学生更多的潜能，使学生获得快乐、成功的学习体验。

学生学习了"五代砖塔"这部分内容后，教师可以引导学生策划多种活动主题，如绘画展、摄影展、知识竞赛等，让学生将相关的学习收获做一次展示评比。绘画展把班级学生笔下千姿百态的双塔呈现出来，不仅可以手绘，还可以电脑绘画，并评选出最有特色的获奖作品，这不仅考查学生的绘画能力，也考查学生的观察能力，电脑使用技能等。

摄影展鼓励学生尝试把砖塔的美丽景象和精彩时刻用相机记录下来，最后评选出最能反映砖塔独特美感的作品。举办摄影展，不仅要求学生在学习中锻炼自身对美丽瞬间的捕捉能力，更可以培养学生的审美情趣，考查学生的审美能力。

还可以组织学生开展"砖塔诗词大会"，让学生把学习过程中了解到的与塔有关的历史、故事和诗词等在活动中展示出来，评选出知识积累最丰富的学生。这些展示式评价灵活、有趣，调动学生参与的积极性，也进一步巩固了相关课程内容的学习，促进学生综合学习能力的提高。

当然，课程的评价形式也要丰富多样，除了口头的肯定认可，还有更具体的实物评价。比如组员进行自评互评时，可以通过画星星的简单方式；老师评价学生时，可以借助"小竹节"、"笑脸印章"等评价实物；而在各种学习过程和展示活动中表现优异的同学，老师可以颁发奖状和荣誉证书等，给予精神奖励。

最后，对课程学习的总体评价可以采用分项等第的方式，即根据学生在不同学习模块的表现打相应的 ABCD 等第，评价的主体要多元，老师、家长，学生自己、社会人员等都可以共同参与进来，这样的评价更加全面地调动学生参与其中，让学生不仅被评价，也在体验中学会评价，从而以评促学，提升学习实效。

（撰稿：谭慧容）

第 9 章　这不是一个人的事

行走也是一种学习。古人有云：读万卷书，行万里路。学习的途径不局限于书本、不拘泥于静态，它可以天地为书卷、以手足代笔砚。到生活中去，到自然中去，到社会中去。生活是最好的书本，是最生动的教材。正如陶行知先生说的那样："处处是创造之地，天天是创造之时，人人是创造之人。"不拘泥于书本作为教材，不将教学限制在 35 分钟内，不让课堂局限于教室。让学生在行走中学习，在生活中探索，在探索中遇见更美好的自己。

✤ **文化坐标**
   南翔古井，岁月流延

✤ **学程设计**
   与南翔古井的文化相遇

✤ **课程实施**
   走街串巷，探索古井之美

✤ **课程评价**
   呈现点点滴滴的成长过程

文化坐标 ————————————————————————

南翔古井，岁月流延

　　南翔是一个千年古镇，距今已有 1 500 多年的历史，是上海四大历史文化名镇之一。南翔古迹颇多，五代双塔前的两口萧梁古井，因开挖于梁天监年间，又称"梁朝井"。据史书记载，南翔共有梁朝古井五口。一口在南翔寺大雄宝殿西，俗称"八角井"，1975 年翻建翔公小学校时埋于地下；两口在山门前，后因拓宽街道，封埋于人民街路面之下；两口在五代双塔前，2008 年南翔老街保护改造时重见了天日。今天我们看到的这两口古井，圆形砖彻井身、石板井底，井深 3.5 米，左右对称，形制相同；其附属设施为砖砌井台，青石井圈，井圈上刻有"明弘治十四年重修"题记等，这便是古时"南翔寺八景"之一，也是千年古镇的实物见证。

（梁朝井）

（南翔古井遗址）

一、古井与传说

梁武帝建国的时候,南翔还只是一个荒凉的乡村。后来一个叫德齐的和尚于梁天监四年(505)在此建造了一座佛寺,在山门外开挖了井,也就是我们今天看到的这两口井。传说这里原来就是一块龙地,龙头就是南翔寺的古址,那双砖塔就是龙角,两眼古井就是龙的眼睛,"龙眼"是眼看前方,前面的小长渠上面的小桥就是龙的舌头,桥边冒出来的石头就是龙的牙齿,龙身是一条过去铺的石子路直通嘉定,龙尾就是那里的一个塔,因龙头就在南翔寺,所以那时香火很盛。由于古井的存在,商贩也到井附近人多的地方去卖货。乡间的集市、城中肆市,商贩和购物者云集,古井成为古代南翔的中心,南翔也逐渐从一个荒凉的乡村发展成为历史名镇。将古井唤作"龙眼",可见在南翔人眼中,这古井与南翔古镇的兴盛衰败有着多么密切的联系,更说明了南翔镇的形成与发展,古井的功劳不可忽视。而如今从中国古代"山水观"来讲,古井被人们看作"龙眼",这一吉祥的象征使得古井成为古镇旅游的一大亮点。广大游客来此一游时,总会纷纷将硬币投入井中,在心中祈福,希望古井给人们带来好运与向往。

二、古井与生活

城市兴起以后,水的问题一直是决定古镇生存与发展命脉的大事。城市人口密集,用水量大,而饮用和洗涤用水对水质的要求较高。由于井中的地下水大多较河水清洁,所以在我国古代城市中,井是城市居民饮水的重要来源之一。古代掘井不仅是人民食水的进步,也是村落赖以维系的一个物质中心条件。因为井水是供人饮食用的,井的开掘位置一般都是选在村落中心,民居与之构成受中心辐射的地位,所以乡与井,不仅不可分,而且井又是村居的中心象征。这梁代古井,也曾被寺庙里的僧侣,周边的乡人所围绕着,听着他们的欢声,印下他们的笑脸,一代又一代的面孔在这儿出现,又从这儿消失,古井就如同饱经沧桑的老人亲历着历史的点点滴滴,看着朝代的变迁，任时光流逝。

　　除了萧梁古井外，位于南翔镇民主街 64 号前的济生井也有近百年历史。1925 年齐卢（齐燮元、卢永祥二军阀）战争后，为防疫病流行，上海中国济生会在王家湾（今民主街）凿井一口作公共用水。该井直径超过 2 米，是嘉定历史上用于社会公益、专门为一方百姓提供洁净、安全水源的最大一口水井，也是现存唯一的一口公益水井。

（济生井）

　　古井不仅是城市居民饮水的重要来源，而且对人类生活有着诸多的利用价值。井水及井泥的药用价值，一直为古人所推崇。明代大医学家李时珍的《本草纲目》说："井水新汲，疗病利人。"中医药书说好井水不但有疗疾的作用，还有制药的功效。中华名药阿胶，就是由当地的阿井之水熬成，甚至井泥也可入药。井还被古人作为保鲜柜加以利用，古代没有电冰箱之类的保鲜设备，民间多借助于井来藏物保鲜。井水还有止渴消暑乃至清心的作用，尤其是燥热的夏季，喝上一碗甘甜清冽的井水，会给人带来沁人肺腑的清凉和畅快。柳宗元被贬谪永州，常与僧侣一起读经谈禅，求得心灵的寄托，寺中井水清凉，以之漱口，心境也为之清爽。

三、古井与文化

井文化是民族文化的重要组成部分,且源远流长,具有鲜明的地域特色和经济文化开发价值。中华民族的先人们有着数不清的文明创造,其中凿井技术的发明在中华文明史上占有重要的位置。就水井的发明者而言,有不少充满神话色彩的传说。传唐尧之时,华夏先民已普遍"凿井而饮"。相关神话传说时间跨度很长,说明井的发明与完善,是一个较漫长的历史过程。井的出现,具有划时代的意义。"民国三十年夏,监察院长于右任先生视察西北后草有'十年万井'计划以救西北之穷,谋西北之利"。[①]国人历来把铺路架桥看作是行善积德的事,对于挖井同样持这种态度。有了水井,人们定居的地方不再局限,可以远离江河,躲避水害,有了更大的生存与发展空间。就水井的种类而言,大抵有土井、瓦井、砖井、石井、砖(石)木混合井等。开凿水井涉及的技术领域较多,如井址的选择、凿井的方法、井圈的护砌等。

关于井的习俗也不少,如祭井、洗井等。古人对水井极为敬重,祭祀井神的风俗形成很早。祭井是因为在传统观念里,认为井有井神,寓意农家会饮水思源。老人常常规劝孩童勿投秽物入井,勿跨越井口,勿诅咒埋怨水井。比如福清市侨乡新厝镇农村,大年三十,各农家都要挑选精美贡品为自家使用的水井进行"封井门"。"封井门"仪式,是在农户将所有需要洗涤的衣服清洗完毕,春节期间所有需要清洗的蔬菜、果品、鱼肉等洗干净,并备足 3 天饮用水之后进行的。农家一般挑选的贡品分别是:鱼、肉、虾等 5 种食品,酒水 3 盏,鞭炮 1 挂,贡银若干。井封闭后,要等到正月初三"开井",才能打水饮用。还有一种情形,如果遇到天旱,井水严重干枯,人们认为这不是井神的过错而是龙王在作梗,祭祀对象就会上升到龙王老爷,祭祀活动中有耍龙、请巫师设坛、作法求雨等。除了祭拜之外,有的地方还洗井。比如江西抚州象山故里便有洗井习俗。每年"双抢"季节到来之前,金溪县陆坊乡陆坊村村民都要按习俗把村里的水井清洗一次,并将这种习俗演化成一种集体卫生活动。陆坊村是南宋心学大师陆象山的故

---

① 中国第二历史档案馆. 于右任"十年万井计划"案[J]. 民国档案. 1999(4).

里。据说，陆象山一家十代同堂，全家 300 多人没有分灶吃饭，全家人和和睦睦相处。他家有一口水井，当地人称之为"义井"，每年都要在早禾收割前洗一次。洗井具有淘井的功能，《周礼·天官》说："为其井匽，除其不蠲，去其恶臭。"从这个角度看，这个习俗在全国各地是非常普遍的。

四、古井与文学

古代的井，它的水除了供人饮用之外，人们也从这个特殊对象与人的其他关系上挖掘着意义，延伸了其中的许多思想内涵与文化。井位于地上而深入地下，井口甚小，如果人在其中，所见井上之天也甚小。韩愈以《庄子·秋水》篇中的"井蛙不可以语于海者"和《后汉书·马援传》贬称公孙述称帝于蜀为妄自尊大的"井底蛙"，在《原道》中引发出关于"坐井观天"的一段高论："坐井而观天，曰天小者，非天小也。"从此"井蛙窥天"与"坐井观天"就成了目光狭小、见识浅陋的一种生动比喻。还有在古代的文学用词里，一直有"背井离乡"一说，此处的"井"，既是井田亦指水井，可是，却依旧无法割裂水井与人类生活的息息相关。古井一旦被赋予了家乡的意识形态，游子在外漂泊久了，难免会回望自己的故土，回味自己的故乡人情，品味家乡的种种滋味，那么自然而然就想到了水，想到了家乡的那口井。

中国人历来视铺路架桥为行善积德的事，对于挖井同样持这种态度，一句"吃水不忘掘井人"就道出了其中的真谛。同时，对井的态度，也往往能折射出一个人的品德修养。还有一句劝人自律的古谚："千里井，不反唾。"反映的既是一种环保意识，又是一种公德观念。

（撰稿：何雅萍）

【参考文献】

[1] 杨景春：《岁月悠悠话水井》，郧阳师范高等专科学校学报，2012 年 8 月第 32 卷第 4 期。

学程设计 ————————————————————

与南翔古井的文化相遇

围绕古井与传说、古井与生活、古井与文化、古井与文学四个方面，我校设计了"与南翔古井的文化相遇"之课程。

一、课程图谱

古井与传说：
（萧梁古井的传说、中国历史上其他井的传说）

古井与生活：
（古井的用途、井水的价值）

古井与文化：
（井的由来、井的种类、与井有关的习俗）

古井与文学：
（有关井的词语、成语和古诗）

二、课程目标

1. 了解萧梁古井的传说及中国历史上关于井的传说，知道井在历史上的意义。

2. 了解古井对古代人民生活的作用，理解古井存在的价值，懂得保护古井的重要性。

3. 欣赏不同种类的古井，了解古井背后的习俗，感悟古井造型之多与美。

4. 学习与古井有关的成语和古诗，了解古井对于文学创作的价值。

三、课程内容

本课程以"全面了解南翔古井文化"为主题，包含以下四个学习模块：

（一）古井与传说——了解萧梁古井的传说及中国历史上其他井的传说

在南翔老街的双塔前有两口萧梁古井，可以说是南翔镇祖父母辈的古迹了。这两口古井又被称为"梁朝井"。梁天监年间（502—519），遇上大旱，但两口井内的井水却没有干涸，由此得名。井口为八角形石栏，留有道道深槽，是寺僧常年用井绳取水时，磨损的痕迹。根据史书记载，南翔共有梁朝古井五口。一口在现南翔镇云翔寺的大雄宝殿西侧，俗称"八角井"，1975 年翻建南翔公办小学学校时埋于地下；两口在山门前，后来因为要拓宽街道，因此被封埋于人民街路面之下；还有两口在南翔老街的五代双塔前，2008 年南翔老街保护改造，这两口井才得以"重见天日"。今天我们看到的这两口古井，是用圆形的砖块砌成的井身、由石板铺成的井底，井深 3.5 米，左右对称，形制相同；在井边还有砖砌井台，青石井圈，井圈上刻有"明弘治十四年重修"题记等，这便是古时"南翔寺八景"之一，也是千年古镇的实物见证。

带着下面的问题，展开学习活动吧——

瓜井，现存于江苏省盐城中学老校区校园内，是盐城难得的保留完好的古代名迹。相传东汉末年，孙坚到江苏盐城任职，他的父亲孙钟跟随他一同到了盐城。孙钟是东汉富春人，天性很孝顺，通过种瓜来赡养自己的母亲，他因为孝行而闻名于世。为了赡

瓜井

养母亲,孙钟开辟荒地,以种瓜为业。孙坚传承了他的父亲孙钟孝顺的品德,在父亲种瓜的地方特地掘了一口井,给父亲用来浇灌土地,因此这口井被称为"瓜井",又称"孙钟井"。隋大业十二年(616),农民起义领袖辅彻占据了瓜井。后来,唐太宗招降辅彻,在这里修建了永宁寺,瓜井成了寺僧的饮水之井。

探究两个问题: 1. "瓜井"得名的原因是什么?

2. 用自己的话说说关于瓜井的传说。

梁武帝建国时,一个叫德齐的和尚于天监四年(505)在南翔建造了一座佛寺,在山门外开挖了井,也就是我们今天看到的这两口萧梁井。传说这里原来就是一个龙地,龙头就是云翔寺的古址,那双塔就是龙角,两眼古井就是龙的眼睛,"龙眼"正对前方,前面的小长渠上面的小桥就是龙的舌头,桥边冒出来的石头就是龙的牙齿,龙身是一条铺的石子直通嘉定的路。因龙头就在云翔寺,所以那时香火很盛。同时由于古井的存在,商贩也到井边人多的地方去卖货,可以说古井推动了古南翔的经济发展,成为了古代南翔的商业中心,而南翔也因此逐渐从一个荒凉的乡村发展成为历史名镇。

萧梁古井(1)

萧梁古井(2)

探究两个问题：1. 传说"萧梁古井"被称作什么？

2. 用自己的话说说关于萧梁古井的传说。

彭祖井在徐州有两处，相传为彭祖亲自挖凿。一处在大彭山北大彭村头；另一处原在市内统一北街彭祖宅内。彭祖井是带有传奇色彩的古迹，相传这井内的井水如玉液，经常饮用，可以长寿。有关彭祖井的传闻很广，在北京的国子监内，有一块明朝万历丁丑年(1577)镌刻的"彭祖观井图"，上面刻有彭祖观井的画像。彭祖腰系缆绳连着柳树，由书童扶持弯腰观井，他战战兢兢的样子，如临深渊，如履薄冰。图左上方有宋陈端题名，赞扬彭祖处事小心谨慎，希望后世效法彭祖。

探究两个问题：1. "彭祖井"得名的原因是什么？

2. 用自己的话说说关于彭祖井的传闻。

彭祖井

（二）古井与生活——了解古井的用途和井水的价值

城市兴起以后，水的问题一直是决定其生存与发展命脉的大事。城市人口密集，用水量大，而饮用和洗涤用水对水质的要求较高。由于井中的地下水大多比河水清洁，所以在我国古代城市中，水井是城市居民饮水的重要来源之一。在古代，造井不仅是人民食水的进步，也是村落赖以维系的一个物质条件。井水是供人饮食用的，因此井的开掘位置一般都是选在村落中心。村落与井，不仅不可分，而且井又是村居的中心象征。在古代,即使是邑国之民老死不相往来,本村人也难免会在井台相遇,井台自然也成了人们社交往来、沟通信息的地方。

这梁代古井,想必也曾被寺庙里的僧侣,周边的乡人所围绕着,听着他们的欢声,印下他们的笑脸,一代又一代的面孔在这儿出现,又从这儿消失,古井就如同饱经沧桑的老人亲历着历史的点点滴滴,看着朝代的变迁,任时光流逝。

除了萧梁古井外,南翔民主街上的济生井有近百年历史,位于南翔民主街六十四号前。1925 年齐卢战争后。为防疫病流行,上海中国济生会在王家湾(今民主街)凿了一口井,供公共用水。该井口直径超过 2 米,是嘉定历史上用于社会公益,专门为一方百姓提供洁净、安全水源的最大一口水井,也是现存唯一的一口公益水井。

跟着下面的思维导图,展开学习活动吧——

1. 古井的用途 { 井一般开掘在哪里?
井除了给人提供井水饮用,还有哪些用途?

2. 井水的价值 { 井水和一般的水有什么区别?
井水除了饮用,还有什么价值?

3. 南翔古井知多少 { 南翔的萧梁古井和济生井的位置在哪里?
这两口井的用途是什么?

(三)古井与文化——了解井的由来、井的种类,与井有关的习俗

民族文化的重要组成部分之一就是井文化。井文化源远流长,具有鲜明的地域特色和经济文化开发价值。

中华民族的先民们有着数不清的文明创造,其中凿井技术的发明在中华文明史上占有重要的位置。就水井的发明者而言,有不少充满神话色彩的传说。传唐尧之时,华夏先民已普遍"凿井而饮"。相关神话传说时间跨度很长,说明井的发明与完善是一个较漫长的历史过程。井的出现,具有划时代的意义。"民国三十年夏,监察院长于右任先生视察西北后草有'十年万井'计划以救西北之穷,谋西北之利"。国人历来把铺路架桥看作是行善积德的事,对于挖井同样持这种态度。有了水井,人们定居的地方不再局限,可以远离江河,躲避水害,有了更大的生存与发展空间。就水井的种类而言,大抵有土井、瓦井、砖井、石井、砖(石)木混合井等。开凿水井涉及的技术领域较多,如井址

的选择、凿井的方法、井圈的护砌等。关于井的习俗也不少，如祭井、洗井等。

跟着下面的思维导图，展开学习活动吧——

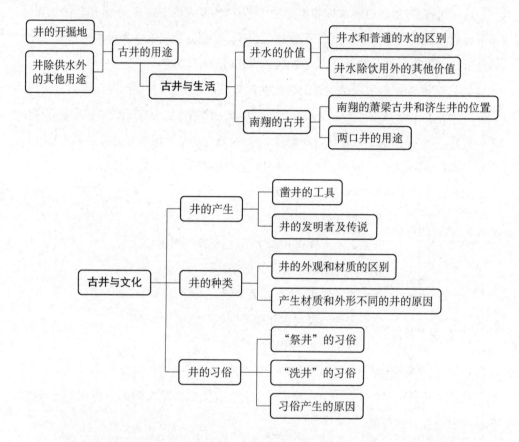

（四）古井与文学——了解有关井的词语、成语和古诗

井的诞生随之而来的是一系列词语，有井口，有井底，井壁……就方位而言，又有井场、井上、井中与井下。就附属设施而言，又有井上围栏，简称井栏，还有井台、井房、井架等。就与水井相邻的词汇而言，有风井、火井、矿井、油井等。就井本身极有秩序的特点而言，又有形容词井井、井然。就形状像井的，有天井、藻井。能够与万里长城、京杭大运河、都江堰并驾齐驱称为中国古代四大工程的有新疆的坎儿井。就井引申意义而言，诗人说："啊，母亲，我的甜柔深谧的怀念，不是激流，不是瀑布，是花木掩映中唱不出歌声的古井。"（舒婷）又有井井有条、落井下石、井底之蛙、离乡背井、井中求火

等。可以说,井深深植根于民族文化土壤之中,牢固积淀于民族心理的最深层,是无法剥离的了。"水井"是中国历史最悠久的文化器物之一。特别是当它成为一个文化符号,作为一个文学意象而存在时,便被世世代代的文学作品挖掘出了广泛而深刻的文化内涵,对社会生活的各个方面都产生了巨大的影响。

跟着下面的思维导图,学习一下与井有关的词语、成语和古诗吧——

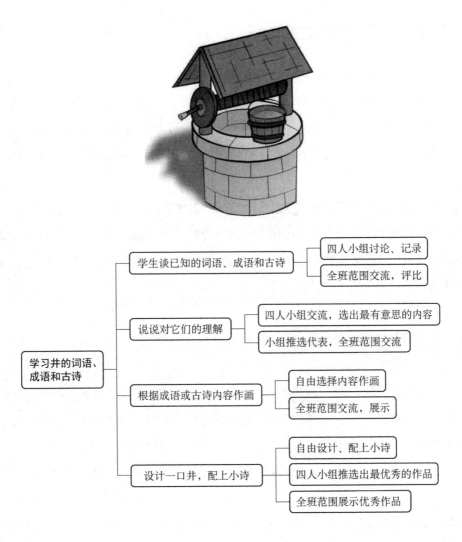

（撰写：邓思烨）

课程实施 —————————————————————————

走街串巷，探索古井之美

　　"萧梁古井"课程的实施是教师教和学生学的一个动态过程，课程实施以学生走进古今，利用各种方法进行学习。倡导学生主动学习，走访探寻，乐于思考，同时也培养学生在学习过程中对信息搜集并整合的能力，发现问题并积极解决的能力，以及在活动中和同伴交流合作的能力等。

　　课程实施过程是学生的学习方式，也是教师教学方式的一种体现。在以萧梁古井为载体的课程实施过程中，我们创新学生的学习方式，比如搜索式、行走式、合作式、整合式……采用多种形式的学习方法让学生进行体验，从而使学生可以多角度地探寻同一事物。

一、搜索式学习

　　搜索式学习是让学生在教师的指导下有目的地通过网络等搜索需要的信息，并按照需要进行整理和分析，学习相关内容的知识。在广阔的知识海洋中，如何找到自己所需要的，而不是漫无目的地搜寻，这就需要老师的指导和帮助。搜索使学习萧梁古井的过程更便利、更迅捷，可以提高学生获取知识的速度和广度，更加能丰富解决问题的方法。同时搜索式学习也减少了学生对老师的依赖，使得终身学习变得更有可能。其实搜索的过程就是一个学习的过程，某种程度上讲，搜索式学习能够将学习的过程简单化，但是搜索不仅仅限于信息的收集，还需要在教师的指导下，对搜索得来的信息分析、比较、筛选、交流等,经过综合性思维,让搜索得来的信息和资源真正为我所用,实现解决问题、甄选决策、创新使用的能力。

案例9-1

教师在《古井与传说》一课中,将教学目标设定为:1.知识与技能:知道萧梁古井是古时"南翔寺八景"之一,也是千年古镇的实物见证。2.过程与方法:通过文本浏览、上网查询等形式,鼓励学生通过"看一看、聊一聊、晒一晒"的方式探究萧梁古井,对萧梁古井有大致的了解。3.情感态度与价值观:通过了解古井的故事,作为一名"新南翔人"或南翔的本地人,都对南翔有进一步的了解,激起爱乡之情、爱国之感。

教师设计的实施过程如下:

教学环节	教师活动	学生活动	设计意图
通过简介,知道萧梁古井	介绍萧梁古井,知道萧梁古井是古时"南翔寺八景"之一。	和同学简单介绍一下萧梁古井的概况。	通过说一说,让学生对萧梁古井有一个初步认知。
说说自己了解的萧梁古井	请向大家介绍一下你游览过的萧梁古井,说说你看到的古井的样子。	学生交流,说一说古井的特点。	结合自身经历,说说古井的样子,进行说话训练。
欣赏图片,小组观察	观察萧梁古井的图片,看看外形,说说发现。	看图片,猜一猜。	通过图片激发学生探求的兴趣,并提高观察能力。
自读萧梁古井传说,交流自学内容	以小组为单位读一读课本中萧梁古井的传说,知道古井的由来。并说说自己知道了关于古井的哪些传说。	小组合作,读一读,并交流自己从课文中了解到的古井。	通过小组讨论,达到以强带弱,提高学生的自主探究和学习的能力。
作业布置	利用双休日,和家人一起去探游一次萧梁古井,试着了解更多和古井有关的传说故事。	课后探游萧梁古井,拍照并分享故事。	通过课外实践活动,自主探游萧梁古井,丰富课外活动经历,对萧梁古井及其传说有进一步的了解。

二、行走式学习

行走式学习是让学生在教师的指导下边走边学,通过行走的方式置身于学习对象中,感受一草一木、体验周边环境、学习与之相连的知识、从中获得领悟的一种学习方式。行走不是漫无目的地走马观花,在行走之前,教师的教学方式与之相呼应,给出行走任务书,让学生带着任务在行走中找寻答案,让行走的经历成为学习的体验。在行走中,教师边走边介绍行走中看到的景物,这要求教师提前了解行走中遇到的景物相关知识,让学生的行走变得有意义。在行走后,给学生搭设一个平台和空间,交流行走中的收获,提出问题,延伸课堂的长度。

❖ 案例 9－2

教师在《古井与生活》一课中,将教学目标设定为:1.知识与技能:了解古井在人们生活中的用途和井水的价值。2.过程与方法:通过实地走访等形式,鼓励学生探究井和人们生活的关联,既关注学习的过程,也关注适时的评价。3.情感态度与价值观:穿越南翔的"古往今来",作为一名新南翔人或者本地人,对南翔的井有了进一步了解,点燃他们的爱乡之情、爱国之感。

教师设计的实施过程,如下:

教学环节	教师活动	学生活动	设计意图
学习南翔的古井。	课前布置预习作业:除了萧梁古井,南翔还有哪些井?	和爸爸妈妈一起走访南翔,找找有名的古井。	自主学习,对南翔古井有进一步的了解。
寻访南翔的古井。	观察萧梁古井,了解古井的作用。	以小队的形式,来到老街,探寻古井。	小队活动,实地探访考察古井。
探究南翔的另一口井:济生井。	提问:想一想、说一说,济生井的由来及用途是什么?指名交流。	思考并说一说济生井的由来和用处。	了解南翔的济生井。

续　表

教学环节	教师活动	学生活动	设计意图
小组交流	安排小组交流,小朋友们课前探游南翔古井的情况,讨论井在人们生活中的用途。	分小组交流课前探游南翔古井的情况,讨论自己所了解的井在人们生活中的用途。	通过小组讨论,加深了解人们为什么要挖井,了解井在人们生活中的重要性。
游戏:我是小老师。	组织游戏:我是小老师,介绍井在人们日常生活中有哪些用处。	参与游戏,做小老师,向大家介绍井、井水、井泥等都有哪些用途?	用游戏的方式激发学生对井及其作用的深入考察。

三、合作式学习

合作式学习让学生以团队的形式参与有主题的项目,让他们在一个时间段中参与学习任务,分不同的角色,通过研究问题、得出结论,在团队小组中分工合作,完成项目研究中的任务,通过这样的学习方式,学会与人合作,培养自主探究、解决问题的能力。

❖ **案例 9 - 3**

在《古井与文化》中,教师将教学目标设计为:1.知识与技能:了解井的由来、井的种类,与井有关的习俗。2.过程与方法:通过项目组合作,鼓励学生探究和井有关的文学故事,既关注学习的过程,也关注适时的评价。3.情感态度与价值观:穿越南翔的"古往今来",作为一名新南翔人,对南翔古井有了进一步的了解,激发自己的爱乡之情、爱国之感。

教师设计的实施过程,如下:

教学环节	教师活动	学生活动	设计意图
我会想(思考井是如何产生的)	检查预习:说说关于井的发明者有哪些传说? 凿井的工具有哪些?	学生小组讨论交流。	通过合作学习,引起学生学习兴趣。

续　表

教学环节	教师活动	学生活动	设计意图
我会看 （井有哪些不同的种类）	出示不同井的图片，观察井与井的外观和材质区别。小组讨论：为什么会有那么多材质和外形不同的井？	小组讨论，指名交流。	观察图片，小组讨论，以强带弱，进行深入学习。
总结拓展 （通过教师总结，了解更多井的习俗）	教师出示资料，让学生了解"祭井"、"洗井"等习俗。 利用课后找找更多与井有关的习俗，并思考这些习俗形成的原因，并在组内进行交流。	说说自己学到的习俗及由来。 查找并了解更多与井有关的风俗及原因。	通过教师总结，及学生查找资料，激发学生对古代习俗的了解。
评一评（根据课堂表现给自己打星）	（一）组织学生根据自己在课堂上的表现，从以下几个方面进行组内互评： 1. 我了解井是如何产生的。 2. 我认真讨论了井有哪些不同的种类。 3. 我能了解并查找有关井的习俗的资料。 （二）给课堂表现积极且得到所有星星的小朋友发"你真棒"的章，以表鼓励。	（一）根据自身课堂表现，在书上给自己打星。 （二）小组内相互打星。	通过评价，学生了解自身的学习状况；老师更直观地了解课堂成效。

四、整合式学习

　　围绕古井，让学生将其与语文、美术等学科有机整合，通过与各个学科的教学目标要求相整合，引导学生较为全面地了解古井与文学作品。

　　与美术学科整合：以萧梁古井为实践点，观察井的材质、颜色、花纹等，再根据成语或故事，画一幅关于古井的画。

　　与语文学科整合：通过学习写井的成语、诗文，进行品读，引导学生尝试写一写小诗。

案例 9-4

教师在《古井与文学》一课中,与语文相整合,将教学目标设定为:1.知识与技能:在观察与讨论的过程中,初步了解井被赋予的中华传统美德。2.过程与方法:通过学习和井有关的俗语、典故,知道对井的态度,折射出一个人的修养。3.情感态度与价值观:通过了解井所蕴含的美德,增强对自身素养的提升。

教师设计的实施过程如下:

教学环节	教师活动	学生活动	设计意图
说说学过的课文《坐井观天》。	回忆所学课文,说说其中蕴含的道理。	说一说课文内容,及"井底之蛙"的意义。	复习旧知,引入新的学习内容,让学生可以更好地走近井的文化。
你知道哪些与井有关的词语、成语或古诗?	四人小组讨论,并记录在纸上。	小组交流,比一比哪一组积累得多。	通过学生的自主探究,了解和井有关的成语及文学作品。
说说这些词语、成语或古诗的意思。	小组内分别选词语、成语或故事说一说意思,派一名代表在全班内交流。	小组讨论并交流一个最有意思的词语、成语或者一首最有意义的古诗。	通过小组交流,自主讨论感兴趣的词句,并了解其中的含义。
选择成语或故事画一幅画。	自己任选一个成语或者一首古诗,根据意思,画一画。	在全班内进行展示评比。	通过画一画、比一比,让学生更好地了解文学中的古井。
拓展练习,当当小诗人。	组织学生根据井的颜色、材质和作用,设计一口井,并配上几句小诗。	小组内交流,推选出一名完成得最好的同学,并进行全班展示。	通过评价及展示,激发学生的想象力和创造力,提高学习兴趣。

(撰稿:徐烨)

课程评价 ————————————————————————————————

呈现点点滴滴的成长过程

本课程以"萧梁古井"为主体，结合办学理念以及课程目标，推出"点点滴滴的成长"评价体系，协调古猗文化与学科知识的交融、互渗，整合校内与校外、课内与课外的各项资源，让学生在主题探究活动中发掘自己的潜能和优势，获得成功的体验，促进学生综合素养的发展，引领学生健康快乐成长。

一、评价内容

根据课程目标，结合学生的学习情况、生活实践、探究创新、审美意识等方面的表现，我们确立了古井与传说、古井与生活、古井与文化、古井与文学四个方面的主题探究模块，教师在探究活动中根据学生的学习反馈情况，及时进行评价，让评价伴随学生的学习全过程。

在评价过程中针对学生的学习能力，制定科学的、可操作的评价标准，设计灵活多样的评价方式，促进学生对所学习的内容进行回顾、反思和总结，让评价成为学习经历的一部分。

二、评价维度

评价中关注课程开发的合理性、科学性、人文性，关注教师课程的设计、执行能力，更关注学生"良好的人文素养、宽厚的知识素养、浓厚的探究欲望、亮丽的爱好特长"等培养目标的达成,促进学生自我认识,建立自信,发掘潜能,成为具有猗小品质的学生。

（一）关注知识目标：以问题为主题,强调学科交融

以"古井与传说、古井与生活、古井与文化、古井与文学"等四大模块为系列,以学生感兴趣的问题为主题,进行探究实践活动。它强调不同学科知识的相互配合,以达到提高学习效率的目的,最终实现不同学习阶段、不同学科课程的融合,达到学科交融、教学优化、提高效率的目的。

（二）关注能力目标：借助实地走访,纠正学习偏差

当前学生在进行学习和调查研究时,较为倾向于借助网络获取资料信息,这很容易形成狭隘的观念：足不出户就可以学到一切东西。借助古猗文化校本课程的学习,可以有效纠正这个偏差。古猗文化校本课程具有很强的地域性,学生只有亲身经历、实地调查走访,才能真正认识、利用具体可感的乡土资源,发现问题,激发学习兴趣。

（三）关注情感目标：了解萧梁古井,积存美好情感

基于古猗文化的校本课程与学科课程不同,其课程设置和内容的选择上,是着眼于培养学生了解、热爱南翔的情感、态度和价值观。因此,评价不应过于注重知识的掌握程度。以本课程来说,应注重学生在了解古井的历史、古井的传说、古井对人们生活的影响等过程中所表现的情感、态度、价值观等,看学生是否积极吸纳本地优良传统,积存在地文化,激发建设美好南翔的情感等。

三、评价方法

在主题探究的学习过程中,课程负责教师可运用积分制、展示式、比赛式、分享式、星级式、观察式等多种评价方式,对学生参与主题探究活动过程中的学习态度、合作精神、探究精神与学习能力、收获与反思进行适切的、科学的、全面的评价。

（一）积分制评价

小学阶段是探索学习方法、养成良好学习习惯的关键时期。即时的评价对这一年龄段的学生有着非常大的鼓励作用。因此,在"萧梁古井"主题活动中,可采用积分制

学习评价。在《古井与传说》活动中，可在不同环节设置积分。第一，提出问题奖励积分。该问题的来源可以是学生在课前思考时提出的，或是学生活动过程中提出的问题，教师根据问题的质量给予奖励积分（一般1—3分）。第二，回答问题奖励积分。对于教师提出的问题，学生能积极主动回答，或对于活动环节的设置，学生能积极参与进来（如介绍古井，说说自己知道的古井特点，交流自己从课文中了解到的古井等），教师根据回答情况给予奖励分。这一环节是提高学生积极性，突出重、难点并解决的关键，教师应以鼓励为主，注意把握分值（一般为1—3分）。第三，合作交流活动奖励积分。在分组讨论、合作交流中，表现突出、效果好的小组给予整体奖励（一般为1—3分），这是活跃课堂气氛，鼓励学生思考、交流、表现的一种好方法。第四，小测积分。当堂小测是检验本节课学习效果的一种直接有效的途径，教师可在活动后安排几道题进行小测，每道题积1分，直接把小测的成绩化成积分（一般1—10分），加在学生的总积分中。

（二）展示式评价

学生以"萧梁古井"为题材创作丰富多彩的作品，教师给学生创设自我展示的舞台，进行主题展示，使其获得自信与成功的体验，激励其不断进步。

在整合式学习之后，可以进行如下展示性评价：出一期"古井与传说"小报并择优展示评比；"感悟古井"小诗写作与朗诵会；古井题材想象绘画作品展示等。教师应扩大活动的广度，不限展示的具体形式，力求为更多学生提供参与活动的机会和进行展示的舞台，在欣赏与被欣赏、评价与被评价中提高每个学生的获得感。

（三）比赛式评价

设计丰富有趣的比赛，对学生在主题活动中的学习效果进行评价。如开展"古井知多少"知识竞赛，根据学生的兴趣和学习的内容，设计比赛的环节，选择相关内容。比赛分为必答题和抢答题环节。必答题目的内容可以是有关萧梁古井的概况、历史知识、传说，其他有关井的成语、谚语、诗文等可以作为抢答题。通过比赛的形式，既能评价学生的学习效果，又能激励学生在接下来的活动中更加积极投入。

（四）分享式评价

在完成几个模块的学习后，可以要求学生向同学、家人、朋友分享学习内容和学习成果，并请被分享者给出评价，激励学生。

如从以下项目中任选一项进行分享：向他人讲述萧梁古井的历史传说，教给家人元代诗人洪济的诗歌《梁朝井》，为朋友介绍井、井水、井泥的知识。分享后请被分享者从讲述者的内容选择、表达能力、自己的收获等方面给出评价。在与他人分享的过程中，学生能锻炼各方面能力，可以预见，学生受到被分享者的评价也会非常高兴的。

（五）星级式评价

让学生当一回"星级导游"，身临其境地去运用所学。如学完《古井与传说》《古井与生活》两个模块后，学生化身小小导游，带领同学或游客参观萧梁古井。学生自己设计好路线，准备好讲解古井知识的导游词，让同学或游客游得开心，游得有收获。参观讲解结束后请同学或游客评定星级。

（六）观察式评价

当教师进行主题活动后，由学生完成最简单的观察测评表，可以是自评，也可以是互评。观察记录表的设计从学生在主题活动中的各项表现，如学生的注意状态、参与状态、交往状态、思维状态、情绪状态、生成状态等方面来进行。具体而言，学生在主题学习中讨论、交流、合作的参与程度，在思考、获取知识过程中提出问题和解决问题的能力，在操作过程中的动手能力、表达能力等都是本活动中观察式评价的重要内容。如在《古井与文化》主题活动后，由学生给小组同伴和自己分别从以下方面给出评价：

学习状态	积极行为	1. 能够独立思考，积极回答老师的问题。	是　否
		2. 注意力集中，专注于学习活动。	是　否
		3. 善于表达自己的想法，也能尊重他人的意见。	是　否
		4. 能与他人分工合作，克服困难。	是　否
		5. 敢于质疑，并善于倾听他人意见和建议。	是　否
	消极行为	1. 与任务无关的闲聊。	是　否
		2. 打瞌睡。	是　否
		3. 四处张望。	是　否
		4. 做其他的事情。	是　否
		5. 打扰其他学生。	是　否

续　表

学习效果	1. 对本次主题活动有浓厚兴趣。	是　否
	2. 发言时声音响亮,对介绍的内容非常熟悉。	是　否
	3. 观察仔细,学到了新的知识。	是　否
	4. 组内交流积极有效。	是　否

（撰稿：谢华丽）

第 10 章　遇见更具活性的你

　　学生是课程学习的主人,在学习过程中全身心地投入,这种学习的具身认知,让学生的生理体验与心理状态之间有着强烈的联系,认知体验激活心理感觉。身体的活动方式和感觉决定了孩子怎样认识和看待世界,学生对世界的认知是被知觉、记忆、推理等塑造出来的,通过经历一次次身体心灵一体的浸润式地参与,会让孩子在知识与技能、过程与方法,情感态度与价值观诸方面收获全方位的成果。

⊕　**文化坐标**
　　鹤舞云翔,博大精深

⊕　**学程设计**
　　古刹钟声与心灵的碰撞

⊕　**课程实施**
　　传承与创新——云翔寺

⊕　**课程评价**
　　共同关注学生的学习经历

文化坐标 ————————————————————

鹤舞云翔，博大精深

云翔寺坐落于南翔老街之上，据历史记载它始建于南朝梁天监四年（505），时因常有白鹤停留于此，所以寺名起初为"白鹤南翔寺"。当时寺庙香火非常旺，引得众人前来上香拜神拜佛或祈求保佑平安和许愿。随着寺庙的兴旺，周边的居民也渐渐多起来，所在的地方就此建镇并取名为南翔。清康熙三十九年（1700），康熙皇帝御赐匾额，题名"云翔寺"。

云翔寺 1

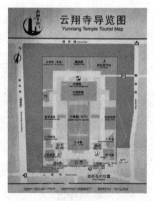

云翔寺 2

一、历史与文化

今天，如果你去云翔寺，在寺庙大门上方的匾额上能看到"留云禅寺"的字样，有人不禁要问：明明是云翔寺，为何匾额题"留云禅寺"？这还要从一段历史说起，原来上海南市区原有座建于清光绪二年(1876)的留云寺，抗战时期毁于战火。2000 年，留云寺第六代传人、台湾悟明长老倡议重建留云寺，上海佛教界集合众议，决定由慧禅法师受命在南翔古镇原址西移 60 米重建留云禅寺，使云翔寺与留云寺合而为一，续接香火。并由世界佛教僧伽联合会名誉会长、台湾海明禅寺法主和尚悟明长老题写"留云禅寺"匾额。

留云禅寺

　　梁天监二年至十年(503—511)，嘉定境内建起了很多的寺庙，比如：方泰寺、护国寺、永庆庵、吴兴寺。但无论是从规模还是从享誉上来说仍是南翔寺为冠，它比佛教四大名山的普陀山之三大名寺早 500 年至 1 000 年，比普济寺大 10 倍，比法雨寺大 14 倍，比慧济寺大 40 倍。寺内名胜极多，有经幢石、萧梁井、九品观、云卧楼、祯明桧、博望槎、齐师鹤和鹤迹石八景，还有砖塔两座，处处充满着文化的气息。正因如此，历代文人墨客多有吟咏墨宝，留有大量碑碣石刻。

　　唐开成年间(836—840)，行齐和尚来到了云翔寺，有了"鹤为二齐来"的说法，当时有莫家弄佛教门弟子莫少卿捐款捐地，对云翔寺进行了扩建。这个时候云翔寺已经有寺基 180 亩，以太平、金黄、四虎、永兴四座桥为界，建成大雄宝殿、天王殿、观音殿、弥陀殿、大悲阁、七佛阁、藏经阁、净因堂、三缘堂、园照堂、悟元堂等殿堂楼阁 1048 间，僧众达 700 多人。

大雄宝殿

观音殿

二、建筑与工艺

云翔寺在唐朝时期达到鼎盛，寺基扩大到 180 亩。如果说历史上的云翔寺曾经蜚声江南，那么复建后的云翔寺正在以其崭新的面貌饮誉沪上和海内外。现在的云翔寺占地达到了 15 亩，不但规模宏大，而且布局合理并且严谨，共分为三进院落。中轴线上布置了主要的殿堂：山门、观音殿、大雄宝殿和藏经楼，左右对称布置伽蓝殿、大势

伽蓝殿

鼓楼   钟楼

至殿、钟楼、鼓楼、文殊殿、普贤殿、上客堂、僧寮等，并有回廊围绕。此外，在地下还建有功德堂、万佛堂。云翔寺的建筑和工艺令人叹为观止。

当时云翔寺复建时就以唐风为参考，在江南地区，完整的仿唐寺庙，这还是第一座，所以它的特色就是刚劲雄健、气宇恢宏、简洁大度、淳朴自然。令人惊叹的还有：它还是一座以钢筋、水泥混凝土仿木的寺庙，在上海地区寺庙建筑中，能将古建形式、民族风格与现代工艺、技术、材料有机地结合起来，云翔寺是第一个，它的建筑和工艺在中国建筑史上也非常有研究价值。

三、国学与修养

云翔寺在南翔镇不单单是一所寺庙那么简单，它带动了周边的发展，其内部建筑、佛学知识等蕴含着国学的文化，也影响着人们的修养和心境。"一寺兴废，系一镇盛衰。"南翔以寺名得名，渐聚居为集，成为佛教圣地，仅区区之域，竟有大小寺庙 30 余座。著名的有大德万寿寺，泰定万安寺，规模均有百亩之大。今日之云翔寺，要礼佛，圣像庄严，殿宇宽敞；要进香，氛围肃穆，法器齐整；要修持，环境清幽，妙香静寂；要游览，令人心旷神怡。无论提高文化修养，陶冶情操，体会宗教神韵，净化心灵，都会让漫步在寺庙中感受的人有所得、有所悟。

云翔寺建成后，在管理上确立了指导思想，即"以律仪规范僧团、以平等对待大众、以实干宣传自己、以诚心感化众生"。为更好地开展弘法利生事业，云翔寺成立护法功德委员会，以"节俭、慈悲、植福、证道"为理念，提倡会员从生活的点滴做起，如节约一度电、一滴水、一粒米，等等，达到每人每天节约一元钱的目标，逐渐养成勤俭节约的生活习惯，形成一种节俭的社会风气。同时，云翔寺护法功德委员会将把会员日常之节省用于社会慈善、公益事业。那么，在不久的将来，云翔寺护法功德委员会将为上海创建节约型的城市及构建社会主义和谐社会做出应有的贡献。

（撰稿：刘海平）

 学程设计 ————————————————————————

古刹钟声与心灵的碰撞

千载南翔古道场，层楼杰阁冠诸方。千年古刹留云寺，始建于南朝梁天监四年（505），气势恢宏，建筑色调古朴庄重，尽显东方佛土庄严，在中国佛教史上有着十分重要的地位。寺院的佛风建设、学风建设和制度建设有口皆碑，展现了新时期佛教寺院繁荣勃兴的气象和旺盛的生命力。"以文化传播佛法，以佛法净化人心"的治寺理念促进了佛教文化建设事业的欣欣向荣，欲觉闹晨钟，令人发深省。在古猗文化的课程学习中，我们设计了"古刹钟声与心灵的碰撞"之探索之旅。

一、课程图谱

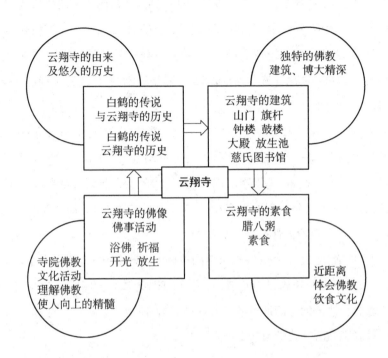

二、课程目标

1. 了解南翔与白鹤的美丽传说,回顾云翔寺悠远的历史及其名称的由来。

2. 熟悉并欣赏云翔寺内部格局及其建筑,体会中国古代建筑之精美。

3. 了解佛教在社会安定方面的重要作用,理解佛教使人向善的精髓。

4. 欣赏云翔寺文物,品尝寺内素食,近距离体会佛教饮食文化。

三、课程内容

本课程以"古楼钟声与心灵的碰撞"为主题,包含以下四个学习模块:

模块 1：白鹤的传说与云翔寺的历史

白鹤的传说。白鹤在中国文化中被视为仙禽瑞鸟。白鹤是南翔的象征，是南翔人心中的吉祥鸟。"南翔"这个地名来源于一个与白鹤有关的富有浪漫色彩的传说。梁天监四年（505），当地人掘地得到直径一丈有余的巨石，常有两只白鹤飞来停在石上，僧人德齐和尚认为是"佛地仙迹"，即四处化缘，募集钱款，在此建造了寺庙。寺成白鹤向南飞去，故名白鹤南翔寺。

名字的形成。云翔寺始建于梁天监四年（505），初名为"白鹤南翔寺"。唐时达到鼎盛，寺基扩大到 180 亩。宋绍定年间，因理宗赵昀赐"南翔寺"匾额，寺名更为南翔寺。清康熙三十九年（1700），康熙御赐额"云翔寺"，故又易名为云翔寺。

经历的历史。1932 年一二八事变和 1937 年八一三事变中，日本侵略军无数次对南翔轰炸，云翔寺遭到毁灭性破坏，名存实亡。20 世纪 80 年代初，改革开放开始，在佛教人士的多方奔走、在上海市佛教协会的协调下，成立南翔大德念佛堂，于 1993 年农历六月初一正式对外开放。1998 年 12 月 14 日，更名为云翔寺。2000 年 10 月 20 日，上海佛教协会选云翔寺旧址重建留云寺，二寺合而为一。

跟着下面的问题，开始学习活动吧——

1 你能猜一猜云翔寺有多少岁了吗？

2 你知道在中国古代的传说中，白鹤代表什么吗？

3 白鹤与南翔有哪些渊源？最早它叫什么名字？它怎么保留至今？

模块 2：云翔寺的建筑

旗杆山门。云翔寺的山门外左右各两根旗杆，高约 26 米，分别悬挂五星红旗和佛教旗。山门为盛唐风格牌楼式建筑，单层三开间，黛瓦、粉墙、朱门、青铜狮、须弥灯对称分列两边。

　　晨钟暮鼓。早晨,先鸣钟,再击鼓,预示着一天的修行开始;黄昏,先击鼓,后鸣钟。鼓一般作为报时之用。如遇寺院重大活动、重要节日或接待贵宾,则钟鼓齐鸣,以示隆重。主要大殿有大雄宝殿、观音殿、普贤宝殿、文殊宝殿、伽(qié)蓝殿、大势至殿等。

　　宝殿寺院。大雄宝殿:正中供奉释迦牟尼佛,左右并排供奉药师佛和阿弥陀佛。其长 40 米,宽 25 米,高 20 米,是目前上海地区佛教寺院中最大的殿堂,可同时容纳千余人礼佛。普贤宝殿中供奉普贤菩萨,司理德、行德,普济有情,贤德无量。文殊宝殿

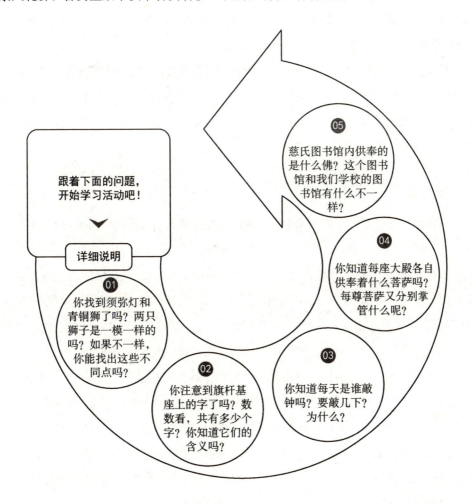

跟着下面的问题,
开始学习活动吧!

详细说明

05
慈氏图书馆内供奉的是什么佛? 这个图书馆和我们学校的图书馆有什么不一样?

04
你知道每座大殿各自供奉着什么菩萨吗?每尊菩萨又分别掌管什么呢?

01
你找到须弥灯和青铜狮了吗? 两只狮子是一模一样的吗? 如果不一样,你能找出这些不同点吗?

02
你注意到旗杆基座上的字了吗? 数数看,共有多少个字? 你知道它们的含义吗?

03
你知道每天是谁敲钟吗? 要敲几下? 为什么?

中供奉文殊菩萨，司智德、正德。大势至殿中供奉大势至菩萨，名"不显"，指大智大慧者。伽蓝殿中供奉伽蓝菩萨。伽蓝即寺院，伽蓝神是保护寺院的神。伽蓝菩萨与韦驮菩萨并称佛教寺院的两大护法神，伽蓝菩萨为右护法，韦驮菩萨为左护法。观音殿中供奉着一尊四面千手千眼观世音菩萨，千手表示遍护众生，千眼则表示遍观世间，是为大慈大悲、救苦救难。

放生池。《大智度论》云：诸余罪中，杀业最重，诸功德中，放生第一。因此放生池是许多佛寺中都有的一个设施，一般为人工开凿的池塘，为体现佛教"慈悲为怀，体念众生"的心怀，让信徒将各种水生动物如鱼、龟等放养在这里。信徒每放一次生就积一次德，象征了"吉祥云集，万德庄严"的意义。

图书馆。慈氏图书馆内供奉慈氏弥勒圣像，收藏各种佛学书籍及社科类图书，将建成为沪上最大的佛教图书馆，并向公众开放。馆内收藏大量佛经经书、佛教丛书、佛学工具书。慈氏学，即弥勒融合空、有两论，兼容理论与实践的一门显学，博大精深又切实可行。

❖ 模块 3：云翔寺的佛像、主要佛事活动

佛像。云翔寺里主要供奉着横三世佛、大势至菩萨、四面千手千眼观音、伽蓝菩萨、韦陀菩萨、普贤菩萨、文殊菩萨、十八罗汉、哼哈二将和四大天王。

佛事活动。浴佛节，又称佛诞日、佛诞节等，为每年的农历四月初八，是佛祖释迦牟尼诞辰。史书记载，释迦牟尼佛生于公元前 565 年，系古印度迦毗罗卫国（今尼泊尔境内）王子。传说降生时一手指天、一手指地，大地为之震动，九龙吐水为之沐浴。现各国的汉传佛教徒常以浴佛、点灯、放生、游行、供舍利等方式纪念佛祖诞辰。

嘉定区佛事。嘉定佛教界不断拓展佛教服务社会的功能，拓宽服务社会的领域，注重关注社会弱势群体，积极参与社会慈善、公益事业，努力服务社会、回馈社会。近十年来，嘉定佛教已累计向社会各界捐赠善款 1 000 余万元。"云翔十方慈善帮困基金"设立于 2007 年，旨在为身患重病的困难人群送去爱心资助；云翔寺已累计向该基金捐赠善款超过 200 万，先后为 500 多位重病患者提供了帮助。"嘉定十方教育专项基金"用于帮助嘉定区公办高中家境困难的学生。

跟着以下问题对云翔寺的佛像佛事进一步了解吧——

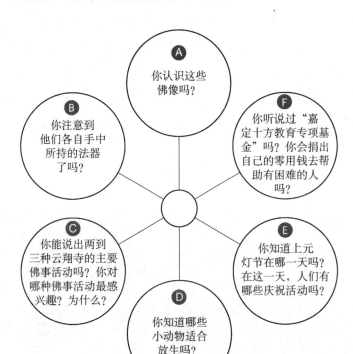

❖ 模块 4：云翔寺的素食

（一）腊八粥。释迦牟尼佛在腊月初八得道成佛，中国佛教徒于每年腊月初八举行纪念活动，并在佛座前献"乳糜粥"。腊八粥也叫"福寿粥"、"福德粥"和"佛粥"，腊八喝腊八粥这本来是佛教徒的习俗，到明代传到了宫廷里，到宋代民间也争相效法，都在农历腊月初八熬腊八粥，俗称"腊八饭"。后来逐渐演变成了一种民间习俗，寓意喜庆丰收，寄望来年日子更好。"过了腊八就是年"的说法，让百姓格外重视这个小节日。过腊八节少不了一碗香甜可口、营养丰富的腊八粥，不少寺院也会在当天舍粥举办纪念活动。

（二）斋戒。佛教在"斋戒"问题上的态度，对中国的素食人群是最具号召力的。

在传统寺院里,同住的比丘们每月的初一、十五都要集会一处,请精熟律法的比丘说戒,以反省过去半月内的修行是否合乎戒律。若有犯戒者,则于大众前忏悔。而作为在家佛弟子的居士们,则应在这样的日子里斋戒净心,自然就只能吃素净的食物。

（三）人体潮汐。农历初一、十五,海洋潮汐的变化因月亮的盈亏影响而达到最大值的时候,我们人体内部血液涌动的"潮汐"也达到了最大值,情绪就会陷入极端的状态中。寺庙里选择这个日子诵戒讲戒,的确也是因为人们在月亮潮汐最大值的影响下,最容易犯戒。

跟着以下问题对云翔寺的素食进一步了解吧——

1. 你知道腊八粥里都有哪些配料吗？

2. 你知道为什么要在初一十五吃素吗？

3. 云翔寺里有哪些素食？你会选择在日常生活里食用素食吗？

（撰稿：陈伯涛）

 课程实施

传承与创新——云翔寺

"云翔寺"课程实施是把云翔寺的历史文化与现代科学基础相结合,衍生出多个新的文化方向供学生学习和探索。课程实施的学习方式符合信息时代的特点,开拓了创新的学习方式,如整合式、翻转式、在线式、实作式学习……让云翔寺的传统文化得以传承,又在此基础上加入现代文化理念,做到创新。用多元的学习方式把古猗文化深入学生的心灵,培养学生探究能力、拓展能力、动手能力和审美能力等。

一、整合式学习

整合式学习是把云翔寺的寺庙文化与小学的语文、数学、自然等学科相结合,从教科书式的知识中迁移到实际生活中,引导学生全面了解云翔寺的历史、建筑风格及寺庙文化等。

与语文学科相整合:指导学生观察云翔寺石碑中的字体,书写风格。了解寺庙中的楹联诗词,拓展楹联的创作特点和方法,尝试"对对子"体验活动。

与品社学科整合:从国学角度出发,结合佛教文化,提倡孝道、勤俭等做人品格。以佛学思想感化学生的品德,为弘扬中华传统文化做贡献。

与自然学科整合:以云翔寺中的放生池为切入点,引导学生了解放生池的作用,明白放生的要求与禁忌,激发对大自然和动物的保护意识。

与数学学科整合:寻找云翔寺中的各种建筑形状,发展学生的立体思维和空间想象能力,在寺庙中寻找正方形、圆形、三角形等几何形状,感受建筑的精确性、对称美。

与美术学科整合:寺庙的建筑风格特别,通过观察描绘出云翔寺的特点,感受寺庙设计之美。如观察寺庙屋檐上的脊兽、铃铎;青、白砖石台基及雕塑;建筑内的壁画、彩绘、雕塑中的色彩运用等感受寺庙的设计风格。

❖ **案例 10 - 1**

教师在《云翔寺的楹联及拓展》一课中,与语文学科相整合,将学习目标设定为: 1. 知识与技能:在观察与资料收集过程中,初步了解楹联诗词的创作特点。2. 过程与方法:通过图片欣赏、实地参观等方法,简单了解楹联诗词的发展。3. 情感态度与价值观:激发对楹联诗词的学习兴趣。

教师设计的实施过程如下：

（一）我会猜（由云翔寺的楹联图片引入课题）

1. 出示云翔寺中的楹联图，让学生猜两边门柱上的字叫什么。

2. 介绍：楹联，也称对联、对子，它最大的特点就是对仗，是中国独有的文学体裁。

3. 提问：我们在生活中哪里可以见到楹联？交流，出示相关图片。

（二）我会辨（辨别楹联的种类）

1. 教师拓展楹联的种类：春联、婚联、挽联、谜语联、歌颂联、哲理联、集句联、叠字联、回文联……

2. 出示：一支粉笔积淀千秋智慧

三尺讲台寄托万世文明

教师提问：这是写谁的？这是表达了什么含义？

归纳：这叫做颂联。

3. 连一连，把楹联和对应的名称连线。

出示：

| 能吃苦方为志士 |
| 肯吃亏不是痴人 |

回文联

| 欲把西湖比西子 |
| 更邀明月说明年 |

哲理联

| 绿绿红红处处莺莺燕燕 |
| 花花草草年年暮暮朝朝 |

集句联

| 圆名原名圆明园 |
| 上海自来水来自海上 |

叠字联

（三）我会对（尝试对对子）

1. 教师讲述解缙小时候对对联的故事。

教师总结：上联和下联的词性要统一。

2. 我们来尝试着对一个字,天对——(学生回答)、地对——、风对——、下雨对——

(四)拓展:各种有趣的楹联

1. 最早的春联:新年纳余庆嘉节号长春

2. 最原始的春联:三阳始布四季初开

3. 最小的对联:黑发不知勤学早——白首方悔读书迟(刻在头发上,要放大 200 倍才能看到)

4. 最大的对联:立马空东海登高望太平——黄山立马峰摩崖石刻

5. 天下第一长联:(出示很多的对联,最长的一副是江津的,有 1 612 字)

二、翻转式学习

翻转式学习把课堂变成老师学生之间和学生与学生之间互动的场所,从而达到更好的教育效果。学生可以通过互联网去了解云翔寺,在课堂中与老师、同学分享,不再单纯地依赖授课老师去教授知识。而课堂和老师的角色则发生了变化。老师更多的责任是去理解学生的问题和引导学生去运用知识。

◆ **案例 10 - 2**

教师在《云翔寺简介》一课中,将目标设定为:1. 知识与技能:知道云翔寺的地理位置和历史发展,对云翔寺全景有一个大局的了解。2. 过程与方法:通过文本浏览、上网查询、制作 PPT 等形式,鼓励学生通过互联网对云翔寺有初步印象。3. 情感态度与价值观:初步了解佛教文化,激发爱乡之情。

教师设计的实施过程如下:

(一)课前分组准备

教师在课前预先将学生分成四个小组,分头查找资料,制作 PPT 向大家展示。

1. "考察部"任务安排:实地游览云翔寺,对寺内的建筑、设施、园林景物等作全面了解,拍下照片,与同学展示。

2. "研究部"任务安排:利用互联网把云翔寺与上海的其他寺庙、中国的寺庙和西方的教堂建筑作比较,找出云翔寺的特别之处。

3."历史部"任务安排:利用物联网查找寺庙的历史演变,如起源、发展、寺庙的类型、特点等,要求图文并茂。

(二)课堂分组展示学习成果

1."考察部"PPT 展示。

师相机补充资料:云翔寺始建于南北朝。相传,初有仙禽成就道场后南归,故名南翔寺。唐时达到鼎盛,寺基扩大到 180 亩。宋绍定年间,因理宗赵昀赐"南翔寺"匾额,寺名更为南翔寺。清康熙三十九年(1700),康熙御赐额"云翔寺",故又易名为云翔寺。后因天灾人祸,寺庙毁损殆尽。

2."研究部"PPT 展示。

师相机补充资料:中国寺庙的特点:对称与均衡、变化与统一、节奏与韵律、比例与尺度。列举代表性的寺庙建筑,如大相国寺、白马寺、布达拉宫(寺庙与宫殿相结合)等。与西方的教堂建筑比较:巴黎圣母院、梵蒂冈圣彼得大教堂、科隆大教堂等。

3."历史部"PPT 展示。

寺庙的历史演变:起源、初期发展、寺庙的汉化、成熟发展、后期发展。

我国佛教寺庙的类型:藏传佛教寺庙特点、南传佛教寺庙特点、汉藏混合型寺庙(观察图片,了解特点)。

三、在线式学习

在线式学习可以照顾广大不同知识层次的学生,获得更多的听众。这样的授课方式可获得更多的听众,学生可通过线上留言,及时与教师交流和探讨。学生也有了自主选择权利,真正做到把课堂还给学生。线上的课程可以永久性保存和观看,相比面授,学生更容易"温故而知新"。

❖ 案例 10 - 3

在《云翔寺的饮食文化》一课中,教师将教学目标设计为:1.知识与技能:了解佛教的习俗、佛教饮食观。2.过程与方法：通过观看视频、资料，使学生了解佛教的习俗和禁忌。3.情感态度与价值观：激发学生对佛教文化的兴趣，感受中华文化的博大精深，点燃爱国、爱乡之情。

教师设计的实施过程如下：

1. 观看视频《龙在少林》片段，了解寺庙的饮食。

2. 佛教的饮食习俗。

佛教宣传因果报应，生死轮回，力戒杀生，倡导素食。由于教规的缘故，形成了佛教徒独具特色的饮食习惯。佛教将食从欲望、摄取、执着的角度分为四种：

1）段食，营养摄取，由于饮食有粗细、餐次不同，因而名为段食。

2）触食，眼、耳、鼻、舌、身、意六种感官（六根）去享受食物。

3）思食，思虑、思考、意欲使意识活动得以进行。

4）识食，与爱欲相应，执着身心为我的潜意识活动。

后三种是一种精神饮食。

3. 动手做一做素食：腊八粥。

师述：每年的腊八节，南翔的云翔寺也会为游客提供腊八粥。今天，就尝试着学一学腊八粥怎么做的吧！你可以找爸爸妈妈帮忙，千万不能一人独享，好东西要大家分享哦！

四、实作式学习

实作式学习可以来消除课堂中常有的枯燥感，激发学生的学习兴趣，充分发挥其探究的潜能。如关于佛学中的孝道可以评选"中华好儿女"；关于云翔寺的建筑可以让学生素描、制作建筑模型等，选出"小巧手"；关于学生节俭品德感化可以评选出"环保星"。开展教学前，可将学生分成若干组，让学生自主给小组起名。分组活动时要体现分工合作和团队精神，让学生既体现自我又不离开群体。最后成果展示时，小组内要安排好分工，比如设计理念、实施过程中遇到的难题及解决方法、小组成果的亮点等都可以和同学交流。

❖ **案例 10 - 4**

在《云翔寺的建筑特色》一课中，教师将教学目标设计为：1.知识与技能：了解云翔寺中各个建筑的形状、特点和地理位置。2.过程与方法：通过实地走访、查阅资料和图片及动手制作，熟悉云翔寺内各寺庙的建筑风格。3.情感态度与价值观：感受云翔寺的建筑工艺之美，提升感受美、欣赏美和创造美的能力。

教师设计的实施过程如下：

【课前准备】

1. 学生分小组实地探访云翔寺。

2. 学生自主选择云翔寺内的一个建筑，以拍照、素描、搜集资料等方式记录其外观、特点。

3. 教师准备优秀的建筑模型和制作模型的卡纸。

（一）感受与体验

1. 欣赏并了解寺庙建筑的特点。

1）欣赏全国著名的寺庙建筑图片：云翔寺、静安寺、白马寺、大昭寺、塔尔寺。

2）请学生用词语描述这些寺庙的外形。

3）小结特点：中国的寺庙建筑格局优美独特，样式与宫殿相似。云翔寺是江南地区鲜见的仿唐寺庙，其特色是刚劲雄健，气势恢宏，简洁大度，淳朴自然。

2. 揭示课题：学做云翔寺建筑模型。

（二）分析与尝试

1. 分析基本形体。

1）欣赏云翔寺图片，请学生找找建筑的基本形状。

2）出示用纸制作的基本体：圆柱体、三棱柱、半圆柱体。

3）分组制作，也可以制作其他形体。

4）交流、讨论，教师出示基本形体的展开图并提示制作要点，并出示一些有变化的形体，供参考。

2.　了解组合要求。

1）出示用各种形体组合成的模型图例。

2）学生观察比较并进行简评：哪一组形体的组合比较好。

3）出示组合要求：大小兼顾、高低错落；富有变化、突出主体。

3.　切挖与添加。

1）欣赏有切挖和添加变化的建筑照片，观察建筑上切挖和添加的部分是怎样的。

2）学生尝试，了解切挖的方法。

3）出示纸制切挖的立体效果图片。

4）学生分组尝试，在先前制作的基本形体上要切挖掉一部分，你会怎样做？

5）学生交流，教师简评。切挖有多种变化（这个要求同样适用于添加）。

6）示范，并提示要求：基本形体上进行切挖时以大块变化为主，式样不要太多，会给人杂乱的感觉。需要用到刻、剪、推等纸工技法。

4.　建筑模型制作示范并提示。

1）折制基本形体。

2）在形体上进行适当的切挖。

3）粘贴成型。

4）组合并添加。

（三）想象与创作

1.　出示作业要求：综合运用折、剪、刻、裁、贴等方法，用纸制作一个建筑模型。

1）在模型上进行适当的切挖和添加。

2）组合的建筑模型新颖有现代感，高低错落有变化。

2.　欣赏寺庙图片、模型作品，请学生边欣赏边构思自己的作品。

3.　学生合作作业（注意保护桌面；同样的基本形体，可以有不同的装饰；根据模型的外形，设想它的功能，还可以取个响亮、别致的名字）。

（四）展示与评价

1.　组内、班级展示，发布金点子（指出优缺点，并提出建议）。

2.　教师简评。

3. 通过组内互评和组间互评，评选出票数最多的建筑模型，奖励。

（撰稿：朱文文）

 课程评价 ————————————————————————

关注学生的学习经历

南翔镇的寺庙文化以千年古刹云翔寺为主体，结合课程目标以及实际操作情况，我们提出了"关注学生的学习经历"的评价体系。本课程内容广泛、密切联系实际，充分利用书籍、网络等资源，以不同的教学形式组织学习方法，使学生在学中玩，在玩中学，揭开古寺的神秘面纱。

一、评价内容

根据课程目标，结合学生的认知水平、探究创新、动手能力等方面的表现，我们确立了探寻云翔寺、构建大宝殿、穿梭藏经阁和品做腊八粥四个方面的主题探究模块，教师在活动中进行及时、有效地评价，关注学生的学习经历。在评价的过程中，可以根据各板块的差异创制更为科学、贴切的评价量表，对学生起到激励、反思的作用。

二、评价维度

在教学中，教师是引路人，而学生才是主体，因此课程评价除了关注教师课程的合理性、科学性、人文性之外,更应关注学生的学科知识,基本能力(如搜集运用信息的能力、创新和实践的能力);关注学生的学习过程(如自主学习、合作学习);关注学生的情感态度和价值观,将寺庙文化贴近他们的生活,从内心确立起对真善美的追求。

(一)关注知识目标:知识构建与运用,统整学科多样性

我们以"楹联诗词、寺庙历史、佛教文化、建筑特色"四大特色为系列丰富整个课程,适度地进行跨学科统整以及课内外统整激活教学形式,激发学生的学习兴趣,使学生全面发展,将课程的实施落到实处。

(二)关注能力目标:以学生经历为主体,消除文化代沟

寺庙文化与学生的距离比较远,大部分学生几乎没有接触过佛教文化,对此缺乏兴趣、缺乏知识,观念容易形成偏差。借助本课程的学习,可以消除年轻一代对佛教文化的漠视,学生通过知识积累、动手实践,理解与传承这一悠久的文化。

(三)关注情感目标:树立正确价值观,成为和美少年

本课程除了让学生熟悉寺庙特色之外,更应在潜移默化中提出孝道、节俭、爱乡爱国等美好品质,改变课程过于注重知识传授的倾向,强调形成积极主动的学习态度,让学生树立正确的价值观。

三、评价方法

在授课过程中,教师以统整式、量表式、激励式、团队式、记录式评价等方法对学生进行多元化评价,其中要注意评价者的大众化、评价形式的多样化、评价内容的全面化,完善教学体系,推进素质教育。

(一)统整式评价

在教学过程中,教师适度跨学科统整,加强课程之间与兴趣之间的联系,找到交叉点,使课程的关联性与整合性表现得淋漓尽致,培养全面发展的学生,激发他们的潜力。

在《走进云翔寺》一课中,教师将寺庙文化与小学语文、数学、美术等学科有机结合,开拓全面化的教学领域。语文教师指导学生观察云翔寺中的石碑字体,让他们接

触每种字体的书写风格,并拓展楹联的创作特点与方法,引导学生积累古诗词;数学老师让学生寻找云翔寺中各种建筑形状并动手搭一搭,发展三维立体的思维能力;美术老师以寺庙中的摆设、笔画为基础,培养学生的审美能力。将各科的评价融合在一起对学生进行多方位考量,避免评价的局限性。

（二）量表式评价

量表式评价是通过表格的形式由评价者或被评价者从中选择一种适合自己的表现形式,以数字来展现最终结果。这类评价方法既省时也十分直观,具有操作性。

在《云翔寺的建筑特色》一课中,将评价表分为两个维度,分别是学习态度和学习效果,其中评价内容包括目标认识与计划制订、学生的参与度、作业完成情况、知识技能以及情感态度,此表可以以学生自评(占总分30%)、同学互评(占总分30%)、教师评价(占总分40%)三者叠加评价,使最终结果更加准确、具体。

学习评价表

维度	评价内容	评价标准（每项1—20分）	分数
学习态度	1. 目标认识与计划制订	能正确认识本课程学习的目标,学习积极性高,有明确的学习计划。	
	2. 课程参与	积极参与互动学习,实地走访、查阅资料,勇于提出问题,积极动手操作。	
	3. 作业完成	在合作中,按时完成模型,关注模型的精美程度和创新力。	
学习效果	1. 知识技能	了解云翔寺中各种建筑的形状、特点和地理位置。	
	2. 情感态度	培养感受美、鉴赏美和创造美的能力。	
总分值			

（三）激励式评价

激励性评价是指学生在学习过程中受到口头表扬、书面奖状、物质奖励等方面的激励、鼓舞,目的是营造宽松、和谐、进步的教学氛围,激发学生的学习兴趣,鼓起学生的勇气和力量,强化学生成功的喜悦,不断增强学生的自信心和上进心。

在《穿梭藏经阁》的探究过程中,教师带领学生了解楹联诗词的创作特点,让学生尝试对对楹联,评选出"楹联小达人"后给予达人们小额的读书卡,鼓励他们平时多读书,感受中华民族文化。又如在《佛教文化》中,关于佛学中的孝道可以评选"中华好儿女",让其他同学以他们为榜样,回家也为爸爸妈妈做一件事;关于《云翔寺的建筑》可以让学生制作建筑模型,选出"小巧手",为他们提供展示的平台;关于学生节俭品德感化可以评选出"节俭星",担任一个月的班级监督委员。

激励式评价不仅能增强获奖同学们的自豪感,使自己不懈怠,更能对其他同学起到引领作用,以他们为模仿对象,带动整个班级的良好风气。

(四)团队式评价

团队合作指的是一群人在特定的团队中,为了一个共同的目标相互支持、相互奋斗的过程。由于学生对于寺庙文化有一定的距离感,因此查阅资料、实地走访、亲手创作成为快速消除隔阂、避免枯燥的重要手段。

在此之前,大部分同学表示对寺庙文化知之甚少,即使是坐落于南翔镇的云翔寺,大家也鲜少踏入。在体验过程中,以小组为单位实地走访云翔寺,了解佛教文化、建筑构造后,小组合作搭建寺庙建筑,以基本形体、创意装饰、取一个别致的名字完成作业,拍摄图片后发至朋友圈,通过集赞的数量评选出优秀团体。

这种评价方法不仅增强了同学之间的凝聚力,让他们懂得团队精神的重要性,而且以网络形式进行传播,使身边人对寺庙文化有所了解,普及传统文化。

(五)记录式评价

记录式评价是学生在学习过程中将一系列学习资料记录整合,教师以学习资料为评价标准对学生进行考量。记录内容可以分为图片影视记录、表格图形记录、电子文档记录。学生以小组为单位将所有资料进行整合,最后装订成册,教师通过记录册对学生进行打分评价。

例如,在《云翔寺简介》一课中,学生自主组队、分工,去云翔寺实地进行拍摄,以图片形式保存;利用互联网把云翔寺与中国的其他寺庙、西方的教堂建筑作比较,找出云翔寺的特别之处后汇成表格;将云翔寺的历史演变,如起源、发展、寺庙的类型等制作成PPT。将这三者有机结合,通过最后的修改装订成册,成为教师评价的一个书面依据。

(撰稿:徐晓慧)

第 11 章　撬动内在生长的支点

这里,历史悠久;这里,名人辈出。让我们带领孩子们一起去认识拥有美好教育理念,为教育事业做出巨大贡献的教育家。这里有自幼习作,善于与自然为师的国画大师,有"嘉定四先生"之一的檀园主人,有致力于改良国棉的嘉定杰出代表,有巾帼不让须眉的革命先烈。作为南翔人,他们不光为南翔历史添砖加瓦,也为我们留下了宝贵的精神财富。

✛ **文化坐标**
　　钟灵毓秀,人文荟萃

✛ **学程设计**
　　人杰地灵,名人大观

✛ **课程实施**
　　初识名人,对话名人

✛ **课程评价**
　　把重心放在引发共鸣上

文化坐标 ————————————————————————————

钟灵毓秀，人文荟萃

南翔人杰地灵，人文荟萃，是江南著名的历史文化名镇。南翔的兴起和发展与悠久的历史文脉紧密相连。古镇经过了岁月的磨练和洗礼，凝聚着历代南翔人的满腔热血，寄托着南翔人对未来美好生活的希冀。

一、教育名人

许苏民，原名许朝贵，号雅梅，祖籍安徽，居南翔，南翔小学创始人，教育家、南翔知识分子的先驱。许苏民早年加入中国同盟会，取"以苏民生"之义而名之，积极从事革命活动。清光绪二十九年(1903)许苏民创立南翔学会，任总干事，从事学术研究和兴办教育。清光绪三十四年(1908)创办私立南翔义务小学，他定校训、写校歌、编教材，并聘请了志同道合的周鼎华、王引才担任校长和高等部教务主任，共同实践美好的教育理想，培养了一大批爱国进步的学子。

王培孙，祖籍上海，居南翔东走马塘西王信义号日新堂，是一位杰出的教育家。23岁应试上海县秀才，名列第二名。25岁参加姚子梁发起的经学会，次年在南翔耶稣堂学习英语，27岁入上海南洋公学为师范生。曾为潜来上海之蔡锷、范源濂置备行装转往日本。1900年接办育材书塾开始从事教育事业，育材书塾与蔡元培创办的爱国学社联合举行运动会，提倡体育。去日本考察教育时，在东京加入同盟会。清光绪二十年(1894)育材书塾改名南洋中学后任校长。他藏书颇丰，晚年将藏书7.66万余册捐献给上海市文化局。

二、艺术名人

陆俨少,号宛若,南翔人,20 世纪初南翔公学校友。当代著名的国画大师,杰出的美术教育家。陆俨少自幼聪颖,尚未读书即好信笔涂抹,入南翔公学后,画作经常展示于学校壁报栏内,师生围而观之,为日后从事绘画、成名成家打下坚实基础。陆俨少善以自然为师,创造出为世人称道的"陆家山水",与山水画家黄宾虹、李可染等齐名,被并称为"当代山水三杰",驰誉大江南北和海内外画坛,作品在国内外美术馆、纪念馆、博物馆等多有收藏。

三、文学名人

李流芳,字茂宰、长蘅,号香海、泡庵、檀园,晚年称慎娱居士,歙县人,世居南翔,明万历三十四年(1606)中举人,明天启二年(1622)赴京会试,抵达京郊,闻宦官当权气焰嚣张,遂赋诗而归,绝意仕途。工诗善文,喜游山水胜景,游览西湖,即景作画,人称深得董源、巨然的精髓,有酣畅雄适的风味和丰富的情趣;发展苏东坡书法,奇特雄伟,结构自然而严谨;诗文华丽壮观,章法典雅。在北市筑檀园,常邀集友人吟诗作画。著有《檀园集》、《西湖卧游图题跋》等。擅绘山水,兼能花卉,学吴镇、黄公望,风格峻爽,为"画中九友"之一;又工篆刻。与唐时升、娄坚、程嘉燧被称为"嘉定四先生"。

四、科技名人

朱苏吾,名志一,原名锡浩,嘉定南翔人,出身私塾老师家庭。上海敬业学堂毕业后,于清宣统元年(1909)进上海源锠纱布号当学徒,参加振华堂夜校补习,受新思想影响,创办阅报社、宣讲所,编印《南翔星》及《良心》等杂志,宣扬新文化。辛亥革命时，参加攻打上海制造局，沪军都督陈其美颁给最优等奖状及"急公好义"奖章。1919 年起，先后在纺织业和银行业工作。组织申帮棉业公会，兼代大生、大丰等纱厂采购原棉和推销产品。任中国棉业公司汉口分公司主任，被聘为商品检验局顾问，致力于改良国棉，抵制英商和日商的垄断。后任全国纺织事业调节委员会业务处长，又捐资兴建怀少教育院新校舍。1949 年 9 月松江专区所辖 9 县 15 家纺织厂组织联营，被聘为经理。翌年 8 月成立华东公、私营纱厂联合购棉委员会，被聘为业务处副经理。1951 年被聘为上海市棉花检验委员会委员、嘉定县各界人民代表会议代表，1952 年 9 月调任苏南棉纺公会秘书，后被选为嘉定县第五届、第六届人民代表大会代表。

五、革命先烈

陈君起，原名陈墨云，又名陈振。清光绪十一年（1885）出生于南翔的陈太史府。因反抗父亲陈巽倩为她包办的婚姻，逃到上海进入务本女塾求学。1907 年毕业后，随同学前往南京任小学教师。翌年与曾科进自由恋爱结婚，谁知又落入了一个封建大家庭。因不堪忍受婆母的虐待，携子女再次逃离。1923 年加入社会主义青年团，后又加入共产党，成为嘉定地区第一位中共党员。后任国民党南京市党部妇女部长兼中共南京地委妇女委员，从事妇女解放运动。1927 年 4 月 10 日晚被捕、牺牲。在陈君起被捕的前一天，其父陈巽倩在南翔也被国民党嘉定县党部枪杀。陈君起被杀害后，儿子曾鼎乾流落街头，历经千辛万苦后，终于成长为一位石油地质及古生物科学家。

（撰稿：周萍）

学程设计 ──────────────────────────

人杰地灵，名人大观

南翔，一座古老而纯粹的城。这里，有如画的风景，有善良的百姓，有秀气灵动传百年的南翔小笼，更有诗书礼义传天下的江南才子。南翔英杰辈出，历代名人更是数不胜数，我们围绕着南翔名人这个主题，从教育界、文学界、艺术界、科技界以及革命先烈五个版块展开学程设计。

一、课程图谱

(二)艺术精灵探秘

(一)走进教育名人的世界

(三)感悟文学名人的风骨

(五)领会革命先烈的情怀

(四)感受科技之光

二、课程目标

1. 了解南翔教育界、文学界、艺术界、科技界名人以及革命先烈的成就，知道他们的故事。

2. 从众位名人的故事中获得正能量，勉励自身努力拼搏，徜徉在文学与艺术的海洋，学习南翔名人的风骨与情怀，勤奋学习，提升自我。

三、课程内容

本课程以"南翔名人"为主题，包含以下五个学习版块：

（一）走进教育名人的世界

1. 想一想：名人之"名"

思考 2 个问题：

（1）"以苏民生"是什么意思？

（2）许苏民先生为什么一生节俭？

许苏民，原名许朝贵，因为早年加入了同盟会，受到"三民主义"思想影响的他，将自己的名字改为许苏民，意为"以苏民生"。许先生早年担任过江苏省的民政长，辞职后，他感慨当时国民缺乏教育，决定回乡办学。

回乡后的许苏民，一心致力于家乡的教育事业。他创立南翔学会并担任总干事，在南翔东市、南市、西市创办小学。1909 年，许苏民创立私立南翔义务小学，为普及文化教育，许苏民实行学杂费全免、男女学生兼收的办法。

除了致力于办学，许苏民本人也才华横溢，他擅长书法，常能获得很可观的润笔费，担任学监期间，他也有十

许苏民

分富足的薪水。可是,许先生并没有用这些收入去享受生活,反而过着十分节俭的生活,穿衣朴素,饮食简单,出门不坐轿子,自己不留余钱。他将自己的所有收入除去家用,全部奉献于教育事业,分文不留。以至于在家病逝后,家中连丧葬的费用都凑不齐。

思考 1 个问题:

王培孙热爱教育事业,酷爱读书,一生藏书近 8 万册。小朋友,你有喜欢的书吗?请你分享给大家,说一说喜欢的理由。

王培孙

王培孙,名植善,祖籍上海,居南翔。7 岁读书,23 岁考中秀才,27 岁入上海南洋公学为师范生。1899 年,他参与中国自立会,组织自立军。1900 年,唐才常失败被杀,他接办育材书塾开始从事教育事业。1904 年,育材书塾改名南洋中学,王植善接任校长。

他曾去北京,目睹清政府腐败,决心远离仕途,遂回上海专心办学,后在中学教育界中有"南王(植善)北张(天津南开中学张伯苓)"之称。

王培孙藏书颇丰,晚年将藏书 7.66 万余册,捐献给上海市文化局,藏于上海市历史文献图书馆,其中史籍最多,次为地方志和佛经。1952 年病逝于上海。

2. 说一说:我心目中的教育名人

任务:小小演说家(请任选一个主题,发表你的观点吧!)

(1) 认识了南翔这么多教育名人,你有没有什么收获呢? 和大家分享一下!

(2) 除了以上两位名人,你还知道历史上哪些人致力于教育事业呢? 给同学们讲一讲关于他的小故事吧!

(二)艺术精灵探秘

1. 想一想:名人初探

思考 1 个问题:

童年的经历给陆俨少先生带来了对绘画的创作热情,你有没有类似的经历,一次表扬或获奖给了你莫大的动力? 请将你的故事和大家分享一下。

陆俨少，号宛若，南翔人，20世纪初南翔公学校友。他自幼聪颖，入南翔公学后，画作常被老师悬挂于学校壁报栏中，很多师生驻足而观，赞叹不已。这样的经历，燃起了他学画的兴趣，更为今后在美术界的成名成家奠定了基础。

陆俨少是20世纪中国山水画的一代大师，并创造出为世人称道的"陆家山水"，与山水画家黄宾虹、李可染等齐名，被并称为"当代山水三杰"，驰誉大江南北和海内外画坛，作品在国内外美术馆、纪念馆、博物馆等多有收藏。并且，他所著的《山水画刍议》一书，对中国画美学、创造思想、技巧的阐述，给理论研究者和学子以更多启迪。

陆俨少

2. 画作赏析

《墨荷图》

《四山云起图》

3. 小小画家

小朋友们,陆先生的画作有没有激发你的创作灵感呢?请拿起你手中的画笔,画一画你眼中的南翔风景吧!

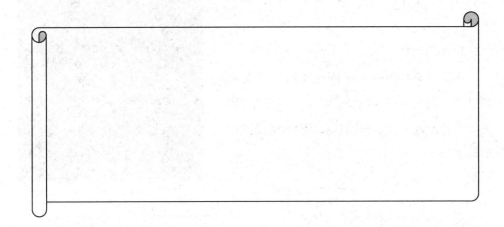

(三) 感悟文化名人的风骨

千载岁月有余情,南翔名园留胜迹。南翔的名园不止一座,想必小朋友们都游览过檀园吧!请你们回忆一下,檀园起初是谁的私家园林?

猜对了,檀园正是明代文人李流芳的私家园林。说到李流芳,他可是一位多才多艺有风骨的大才子哦,请和我一起认识一下他吧!

1. 名人初探

思考 1 个问题:

李流芳为什么坚决不拜魏忠贤的生祠呢?请你回家查查资料,说一说他坚决不拜魏忠贤生祠的原因。

李流芳,字茂宰,号檀园,世居南翔,明万历三十四年(1606)中举人,后进京会试时,闻宦官当权气焰嚣张,于是绝意仕途,回到家乡自建"檀园"。

他善写诗文,热爱游历山水,喜好即兴作画。他的诗文华丽壮观,章法典雅;他的书法奇特雄伟,结构自然而严谨;他的画有酣畅峻爽的气韵和丰富的情趣。

李流芳著有《檀园集》、《西湖卧游图题跋》等。擅绘山水、花卉,学吴镇、黄公望,风格峻爽，为"画中九友"之一；又擅于篆刻。他与唐时升、娄坚、程嘉燧被称为"嘉定四先生"。

他为人耿直，吴郡为魏忠贤建生祠时，李流芳拒不往拜，并告人："拜，一时事；不拜，千古事。"

2. 小组比拼

你还知道哪些擅于写诗和作画的文人呢？请组成 4 人小组，开展头脑风暴，一起把你知道的文学名人名字写下来吧！看看哪个小组知道的最多！

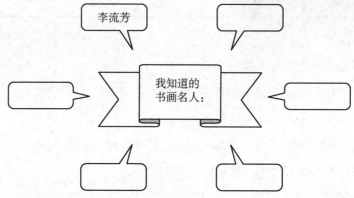

李流芳

我知道的书画名人：

（四）感受科技之光

1. 名人初探

思考 1 个问题：

朱先生坚持科技救国，从他的故事中，你受到什么启发？

朱苏吾（1892—1977），南翔人，毕业于上海敬业学堂。1909 参加振华堂夜校，受新思想影响，每逢休假返回南翔，创办阅报社、宣讲所，编印《南翔星》及《良心》等杂志，宣扬新文化。

1919 年，他去上海纱业商场工作，次年组织申帮棉业公会。1931 年，任中国棉业

朱苏吾

公司主任,后被聘为商品检验局顾问,致力于改良国棉,抵制英商和日商的垄断。1951 年被聘为上海市棉花检验委员会委员,1952 年 9 月调任苏南棉纺公会秘书,后被选为嘉定县人民代表大会代表。

他一生支持科技兴国,专注于提高中国本土制造业生产力水平的提升与进步,为民族产业的进步作出了巨大的贡献。

2. 游历科展

朱苏吾先生一生坚信先进的技术可以带领民族进步,你知道哪些新时代技术改变了我们的生活呢? 请你走出家门,和父母、朋友们一起逛逛科技展吧! 把让你印象最深刻的新科技分享给大家。

(五) 领会革命先烈的情怀

1. 名人初探

思考 1 个问题:

读了陈君起的人生经历,你认为她是一位怎样的女性?

陈君起,原名陈墨云,1885 年出生于南翔的陈太史府。因反抗父亲为她包办的婚姻,逃到上海进入务本女塾求学。1907年毕业后,随同学前往南京任小学教师。1908 年,与曾科进自由恋爱结婚,谁知又落入了一个封建大家庭。因不堪忍受婆母的虐待,携子女再次逃离。

陈君起

1923 年,她加入社会主义青年团,后又加入共产党,成为嘉定地区第一位中共党员。后任国民党南京市党部妇女部长兼中共南京地委妇女委员,从事妇女解放运动。1927 年被捕、牺牲。在陈君起被捕的前一天,其父陈巽倩在南翔也被国民党嘉定县党部枪杀。

陈君起被杀害后,儿子曾鼎乾流落街头,历经千辛万苦后,终于成长为一位石油地质及古生物科学家。

2. 小朋友们,除了陈君起,你还知道哪些革命先烈? 请你回家查查资料,并将革命前辈的故事分享给爸爸妈妈,说说他们给了你怎样的启发? 请把你的心里话写出来。

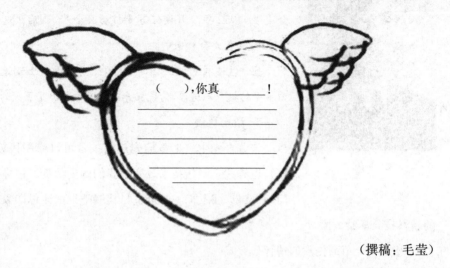

（撰稿：毛莹）

 课程实施 ——————————————————————

初识名人，对话名人

南翔有悠久的历史,南翔的名人更是这厚重历史的重要组成部分。在本课程设计的学习中,我们将通过搜索式、问题式、行走式和实景式学习等方式,走近南翔名人进而走近南翔,感受南翔文化的源远流长。

一、搜索式学习

搜索式学习是学生在老师的指导下,学生针对某些问题,在网络上开展针对性搜索,并对相关资料进行整理与整合。现今学生处于非常发达的网络时代,很多信息不需要老师直接灌输,学生便可以通过自己的搜索去掌握。当然老师也不是让学生漫无目的地在网上随便搜寻,在搜寻之前,老师应给予相应指导,指明学生搜索方向。

在教育名人这一模块中,学生首先要了解助推南翔发展的教育名人。诸如许苏民等人在南翔教育之初有着十分重要的地位,所以了解这些人的生平是了解南翔学校的第一步。在老师的指导下,学生利用网络搜集相关信息,了解教育名人。

◆ **案例 11－1**

教师在《初识名人》一课中,将教学目标设定为:

1. 知识与技能:在老师的指导下了解在南翔教育创立初期,许苏民、陆俨少等人起到了举足轻重的作用。

2. 过程与方法:利用网络,搜索教育名人的生平事迹。

3. 情感态度与价值观:通过了解教育名人的生平事迹,感受他们为南翔教育事业发展所付出的不懈努力。激发学生珍惜眼前的教育机会,激发他们的学习热情。

本节课致力于对南翔名人进行一个初步的认识,具体教学过程如下:

1. 学生各抒己见:说说知道的教育名人、教育家有哪些? 学生畅所欲言,丰富孩子的课外知识。

2. 教师教育名人引入:南翔教育史上也有很多教育名人,如朱苏吾,陆俨少等。教师简述朱苏吾、陆俨少相关背景知识。

3. 分组教学:学生根据自己的兴趣爱好,选择感兴趣的名人,自由分组。各组搜索名人资料,小组成员布置搜索任务。在本教学环节中,采用搜索式学习方法,学生利用身边的各项资源,全方位了解朱苏吾和陆俨少。

4. 小组交流:小组交流所搜集的教育名人相关事迹,各小组之间相互补充,形成相对完整的人物资料。

5. 班级汇报:各小组之间交流资料,汇总,班级交流。其他小组成员聆听,认真分析自己的得与失。

6. 教师总结:搜索式学习采用多种方式,对给定内容进行资料搜集与整理,途径多种多样，可以采用网络搜索，也可阅读相关书籍。将自己的资料在小组内汇报，取长补短。

    7. 复习巩固：连一连：出示名人和图片及故事概要。

    8. 作业布置：给爸爸妈妈讲本节课你所学到的名人故事。

二、问题式学习

现今的教育模式与以往有着很大的不同，不再是老师问问题，而是培养和激发学生围绕一个问题，共同去解决问题的新的教育模式。这就需要学生在聆听老师或者其他同学的话语时，从质疑出发，竖起耳朵认真听，多听多思考。在提出问题的过程中，必然能够有所进步。

在南翔教育名人这一模块中，老师给学生指出路径，学生搜集教育名人的资料。在交流汇报中，学生对发言同学的内容大胆提问，共同讨论，感受这些名人在南翔教育创立上的艰辛及其无私奉献精神。

❖ **案例 11－2**

教师在《对话名人——教育名人》一课中，将教学目标设定为：

1. 知识与技能：通过同学之间的交流，进一步深入了解教育名人的生平经历。

2. 过程与方法：学生认真聆听发言，提出质疑。

3. 情感态度与价值观：通过对名人生平经历的质疑，感受他们对于教育的热爱与奉献精神。

本节课致力于对南翔名人中的教育名人进行一个比较深入的了解，具体教学过程如下：

（一）导入环节

课前布置孩子们利用各种渠道搜集有关许苏民、朱苏吾、陆俨少和王培孙的资料，现在请各个小组来分享一下所收集的资料，其他同学认真听，你对他们的生平事迹，有什么样的疑问可举手提问。（培养学生的问题意识，学会提问）

（二）学习许苏民

1. 学生提问："以苏民生"是什么意思？许苏民先生为什么一生节俭？

2. 学生解答：搜集资料的小组，作为小老师，解答学生的问题。

3. 教师总结：学会提问，多思考多交流。

（三）学习朱苏吾

1. 学生分享朱苏吾资料。

2. 小老师提问：朱苏吾先生把自己的寿宴资金和儿女结婚礼金都用于办学，你认为朱先生是一位怎样的人呢？

3. 学生交流，感受朱先生的奉献精神。

（四）学习陆俨少

1. 学生分享陆俨少资料。

2. 小老师提问：童年的经历给陆俨少先生带来了对绘画的创作热情，你有没有相似的经历，在学校的一次表扬、在比赛中的一次获奖，给你留下了深刻的印象？

3. 学生交流。

4. 教师总结：经历上的互通，加深对陆俨少的了解，感受陆俨少的不易，南翔公学的作画经历为之后他从事教育打下基础。

（五）学习王培孙

1. 学生分享王培孙资料：王培孙热爱教育事业，酷爱读书，一生藏书 7.66 万余册。

2. 教师提问：小朋友，相信你也是个爱读书的孩子，请你把自己最喜欢的书分享给大家吧，说一说你喜欢的理由。

3. 教师总结：我们要从小培养读书的好习惯。

（六）拓展：小小演说家

1. 认识了南翔这么多教育名人，你有没有什么收获呢，和大家分享一下吧！

2. 除了以上两位名人，你还知道历史上哪些人致力于教育事业呢？给同学们讲一讲关于他的小故事吧！

（七）作业

将你的所学告诉爸爸妈妈，可以是了解到的人物知识，也可以是你的收获。

三、项目式学习

基于项目的学习，是指学生在真实的情境中，寻找具有一定挑战性的项目主题，在精心设计任务与活动的基础上，进行较长时间的开放性探究。在南翔，有一个人，他是艺术上的精灵，人格上的楷模，他通过自己的住所，真实展现出他的一生，那就是——李流芳。

❖ **案例 11 - 3**

教师在《对话名人——艺术精灵》一课中，将教学目标设定为：

1. 知识与技能：走进檀园，认识李流芳。

2. 过程与方法：在檀园中，通过书画、建筑了解李流芳的一生。

3. 情感态度与价值观：培养学生的爱国意识。

本节课致力于对南翔名人中的艺术名人进行一个比较深入的了解。具体教学过程如下：

（一）导入环节

你们去过檀园吗？学生介绍浏览经历，哪些地方给你的印象最为深刻？

（二）整体感知

1. 有谁知道檀园原来是谁的私家园林呀？（介绍私家园林）教师补充有关檀园的知识。

2. 教师介绍魏忠贤，你觉得魏忠贤是个怎么样的人？

3. 了解李流芳和魏忠贤之间的故事。

（三）深入理解

介绍魏忠贤和李流芳的故事。

李流芳为什么坚决不拜魏忠贤的生祠呢？请你回家查查资料，说一说他坚决不拜魏忠贤的原因,感受李流芳的坚贞风骨。

学生交流,情感升华。

(四)拓展

你还知道哪些擅于写诗和作画的文人呢?请组成 4 人小组,开展头脑风暴,一起把你知道的文学名人名字写下来吧!看看哪个小组知道得最多。

(五)作业

了解书画名人的故事,讲给爸爸妈妈听,感受李流芳的坚贞。

四、聚焦式学习

生活中有太多的聪明人,但是却未能有大的成就,原因是没有将精力聚焦在问题上,结果导致能量无效耗散。而在积贫积弱的中国,科技对我们国家来说极其重要。朱苏吾将自己的精力全部放在发展科技上,以发展科技的方式去拯救我们的国家。

案例 11-4

教师在《对话名人——科技达人》一课中,将教学目标设定为:

1. 知识与技能:通过资料搜集初步了解科技救国理念。

2. 过程与方法:分组交流,朱苏吾的救国方式给社会带来极大的推动力。

3. 情感态度与价值观:培养学生爱科学、学科学、用科学的意识。

本节课致力于对南翔名人中的科技达人进行一个比较深入的了解,具体教学过程如下:

(一)导入

你是怎样理解科技救国的?学生各抒己见,老师字面拆解。

(二)整体感知

介绍朱苏吾为救国而做的那些事情。(了解朱苏吾科技救国的理念)

(三)深入理解

1. 朱先生坚持科技救国,从他的故事中,你受到什么启发?

2. 小组交流讨论，聚焦科技救国理念，从点滴中了解朱苏吾为科技救国究竟办了哪些事？

3. 从朱苏吾的身上，从他的科技救国理念，你有什么收获？你要怎么做呢？

（四）拓展延伸

朱苏吾一生坚信先进的技术可以促进民族进步，你知道哪些新时代技术改变了我们的生活呢？举例说明。

（五）作业布置

参观科技馆，感受日新月异的科学发展，分享收获。

（撰稿：王辛茹）

 课程评价

把重心放在引发共鸣上

南翔镇的文化历史中，各界的名人为这个古镇留下了浓墨重彩的一笔。学校古猗文化课程以南翔镇各学术界名家为切入点，实行多角度评价，让学生在各项活动中认真体验名人的心路历程，感受名家的不凡。

一、评价内容

根据课程目标，结合学生的学习情况、关注度和接受程度，我们确立了南翔教育界、文学界、艺术界、科技界以及南翔女杰五个模块的主题探究。在教育过程中教师应有意识地对学生进行多方面、多角度地评价,让学生真正从评价中感受到自身的改变。

在整个课程实施过程中,教师灵活运用评价,通过评价对课程实施全程质量管理和质量保障。

二、评价维度

评价中关注课程目标多元化、内容整合化、实施活跃化。评价需采用多样化方法,以扩大学生成功感,并体现学生自主性。

(一)关注知识目标:边搜索边学习,提高知识渗透

各界名人对于学生来说接触度不高,因此将鼓励学生在各个板块中不同程度地使用搜索式学习,搜集名人事迹质疑生平,感受名家对教育的奉献、对祖国的热爱、对自由的向往,感知现有美好,激发努力学习。边搜索边学习,更加深入了解名人心路历程,贴近南翔名人。

(二)关注能力目标:以活动为基础,提升动手能力

南翔名人一课在课程中设计了诸多活动以期提高学生的动手能力,加深对于课堂知识的吸收。在艺术精灵这一模块学习中,不单单让学生感受到陆俨少先生对绘画的热情,还邀请学生进行画一画的活动。通过一次次活动,提高学生对于课堂的参与度,提升动手能力。

(三)关注情感目标:引发情感共鸣,感受满腔热情

了解名人平生,感受教育名家对教育的满腔热情,说一说科技带来的便利,感受科技达人对于科技的热爱,在一次次的课程中,评价更注重学生在此过程中是否产生情感共鸣,激发自身对于学习的热情。

三、评价方法

本次课程当中采取了积分式、组合式、表现式、总结式等多种评价方式,旨在引导

学生自主参与评价过程，使学生真正成为学习评价的主人。

（一）积分式评价

本次课程中学生的每一次参与都会积累一定的积分。当积分到达 10 分时，他将收获学校特有的小竹节奖励，课程结束之时，获取积分最高的学生将获得"学习小状元"的称号。

例如，在学习《初识教育名人》中将会出示一份学习单，每一道题目均有一个积分的奖励，完成得越多，所得积分越多。

学习单积分规则：填空题每个空格答对一格可积一分。

名人我知道

填空：

1. 教育名家许苏民，原名_____，号_____，祖籍_____。

2. 王培孙，祖籍_____，是一位杰出的_____家。

3. _____创办了私立南翔义务小学。

4. _____爱好读书，一生藏书颇丰，晚年将 7.66 万余册书籍捐献给上海市文化局。

（二）组合式评价

孔子曰：三人行，必有我师焉。在评价之时也是如此，不能光看老师对学生的评价，我们还应关注到学生对学生的评价，学生对自身的评价，家长对学生的评价等方面。

在《科技达人》这一个主题学习中，以四人小组为单位、由家长和老师带领走出家门，参观科技展，形成一个调查报告分享小组印象最为深刻的科技成果。在调查过程中学生们自行分配职责，最后汇总成果，在组长的带领下大家分别对自身在本次活动中的表现作出评价，对自己的组员作出评价。教师在学生进行成果分享时进行评价，同时邀请家长参与课堂，对各个小组进行评价，主要对内容完整、小组合作、小组表达三个方面作出评价，最后评选优秀小组。学生在这个过程中体会到了团队合作的重要性，并且对于科技改变生活相信会有更深的理解。

（积分规则：担任组长职务学生活动初始积分为 2 分，担任组员职务学生活动初始积分为 1 分。参与展示活动的学生积分再加 1 分。每个评价维度各有 5 颗星，每颗星对应 1 个积分。当小组被评选为课程优秀小组时，每个组员多积 3 分。学生最终所得积分为以上几个项目的总和。）

新科技展示任务单

学校： 姓名： 班级：

担任职务：	调查科技名称：			
活动时间：	新科技运用领域：			
展示方式：	新科技优势：			
评价维度：积极参与	乐于表达	表达完整	表达准确	声音响亮
自我评价：☆ ☆ ☆ ☆ ☆				
组员评价：☆ ☆ ☆ ☆ ☆				
家长评价：☆ ☆ ☆ ☆ ☆				
教师评价：☆ ☆ ☆ ☆ ☆				

（三）总结式评价

《初识教育名人》中学生进行了名人信息收集，《与名人对话》中交流历史中的教育名人，《文学名人》中的头脑风暴，《科技达人》中学生四人小组调查并分享成果，在每个模块的学习完成之时，保存学生的成果，由学生自身、同学、家长、老师分别对这些成果进行评价，最终得出在本课程中学生最后的积分数。再结合学生平时所得积分，最终评选出本课程的学习小状元。

通过运用以上评价方式，学生在课程学习过程中有了更高的参与感，相信《南翔名人》这一模块内容能更加引起学生的情感共鸣。

（积分总结规则：活动记录表中记录学生每次活动所得积分，将所有项目积分相加得出本次课程中学生的总积分，积分数最高的学生为本次课程的学习小状元。）

活动记录表

班级：	姓名：	学号：

积分获得情况：

名人我知道：

画一画：

头脑风暴：

科技展示：

总积分：

（撰稿：陆双娟）

后 记

　　历时三年的课题研究，整整一年的成果梳理和案例撰写，迷茫与辛苦之余，我们欣喜地看到了四年来凝结的硕果——《全经验课程：在地文化与实践演绎》一书，将付梓，这是作为猗小人自豪与成功的标志。

　　古猗小学自创办的第一天起，就着手"古猗文化"的实践与研究。创办第一年，全校有占比 89％的外省市户籍学生。2017 年，学校有占比 28％的外省市户籍教师，来到南翔这块文化底蕴丰厚、城市发展迅猛的土地上，既来之则安之，既来之则爱之。猗小人的共同心愿：喜欢南翔从了解熟悉在地文化开始，了解熟悉在地文化，从开发实施校本课程开始。于是，一次与课程美好相遇的计划全面启动。

　　说实在的，对于我们这所新南翔人众多的学校来说，研究这门课程实属不易。上网查询，实地考察，寻根采访……掌握第一手资料，老师们开始设计课程计划，开展课程实施。

　　这是引领古猗小学起步与发展的第一个核心课题，这是培育学生综合素养的第一门校本特色课程，这是记录教师教学实践点滴的第一本实录。这里凝结着我们参与研究的课题组成员以及课程实施全体老师的智慧与汗水，是我们参与课程改革的心路历程与写照，是我们践行教育综合改革留下的珍贵校史。

　　本书在编撰的过程中，得到上海市教育科学研究院杨四耕老师的悉心指导。杨老师精心策划撰写思路，并多次现场指导撰写和组织修改。在此，我们向杨老师表示最诚挚的感谢！

　　由于本书筹划筹备时间仓促，教师写作水平有限，必然存在着不少错漏，敬请读者诸君教正。

上海市嘉定区古猗小学校长

武卫清

2018 年 10 月

学校课程深度变革丛书

课堂教学转型丛书

品质课程丛书

课堂教学新样态

让课堂洋溢生命感：L‐O‐V‐E教学法的精彩演绎

特色学校聚集丛书

华东师范大学出版社　　华东师范大学出版社
天猫旗舰店　　官方微信

门市邮购电话：021‐6286 9887 或 021‐6173 0308

淘宝商城旗舰店：http://hdsdcbs.tmall.com

微信：华东师范大学出版社（ecnupress）

电子书目下载地址：www.ecnupress.com.cn